ética,
virtudes e valores

Luiz Marins

ética, virtudes e valores

Ampliando
as fronteiras
da ética na
empresa, família
e sociedade

Integrare

Copyright © 2022 Luiz Marins
Copyright © 2022 Integrare Editora e Livraria Ltda.

Editores
André Luiz M. Tiba e Luciana M. Tiba

Coordenação e produção editorial
Estúdio Reis – Bureau Editorial

Copidesque e revisão
Rafaela Silva – Pedro Japiassu Reis

Projeto gráfico e diagramação
Gerson Reis

Capa
Q-pix – Estúdio de criação – Renato Sievers

Dados Internacionais de Catalogação na Publicação (CIP)
Angelica Ilacqua CRB-8/7057

Marins, Luiz
    Ética, virtudes e valores : ampliando as fronteiras da ética na empresa, família e sociedade / Luiz Marins. – São Paulo : Integrare, 2022.
    196 p.

ISBN 978-65-89140-06-1

1. Ética 2. Ética profissional 3. Valores I. Título

22-1181   CDD 174

Índices para catálogo sistemático:
1. Ética

Todos os direitos reservados à

INTEGRARE EDITORA E LIVRARIA LTDA.
Rua Tabapuã, 1123, 7º andar, conj. 71/74
CEP 04533-014 – São Paulo – SP – Brasil
Tel. (55) (11) 5841-1328
www.editoraintegrare.com.br

Introdução

Uma grande empresa me contratou para falar sobre a importância e o valor da ética nos dias de hoje. Quando comentei com algumas pessoas sobre o tema que eu iria preparar, muitas deles me perguntaram: *Agora é hora de se falar em ética, com tudo o que está acontecendo no Brasil? Será que alguém vai ouvir? Será que alguém vai levar a sério?*

O que procurei explicar a essas pessoas é que agora é exatamente o momento de se falar em ética, no valor em se construir uma empresa ética, com pessoas moralmente defensáveis e que tenha uma crescente credibilidade nos mercados em que atua. Agora, exatamente por causa de tudo o que estamos assistindo na política, devemos levar a discussão sobre ética, governança corporativa, *compliance,* códigos de conduta e de ética para dentro de nossas empresas. Agora é o momento mais apropriado para fazer as pessoas compreenderem o valor e a importância da ética empresarial e nos negócios.

A grande verdade que temos que acreditar é que a cada dia que passa, a sobrevivência e o sucesso de empresas e pessoas passarão pela sua conduta ética. Empresas e pessoas pouco éticas ainda podem estar vivas, mas com certeza já estão com seu futuro condenado.

ética, virtudes e valores

Neste livro, mais um pequeno manual do que outra coisa, procuro trazer o conceito de ética para o dia a dia, para a realidade concreta das pessoas e das empresas. Não é um livro teórico sobre ética, nem mesmo faço uma discussão ontológica sobre ética. O que desejo que o leitor tenha, ao terminar, é uma consciência da busca de atitudes e comportamentos éticos na vida e principalmente no trabalho.

É dentro deste escopo que peço ao leitor que faça em sua empresa uma discussão sobre ética. Proponha um código de conduta sério e eficaz. Desenvolva um conjunto de normas e critérios a que todos se submetam. Esse não é mais o futuro e sim o presente. Agora é a hora de ser, pensar e agir eticamente.

Luiz Marins

Conteúdo

Introdução 5

Ampliando as fronteiras da ética na empresa 13

Ampliando as fronteiras da ética na comunidade e
nas atividades voluntárias 15

Ampliando as fronteiras da ética na família. 16

Ampliando as fronteiras da ética como pessoa
e como cidadã 18

Ética e sucesso profissional. 19

O respeito aos bens da empresa. 21

Aos que tratam mal pessoas simples 23

Contaminadas pelo vírus da arrogância 25

Saiba sair de cena. 28

O desafio do equilíbrio emocional .30

O arrependimento de Xuxa. 34

O que pensa o brasileiro? 36

Um pacto ético. 40

Quem tem a maior virtude? Você, por ser confiável,
ou eu, por confiar em você? 43

10 pequenas coisas que fazem uma grande diferença 45

A elegância e o mundo do trabalho 47

ética, virtudes e valores

A importância do reconhecimento..........................49

A lição de George Dandin 52

A maneira de falar faz toda a diferença...................54

Acomodadas na própria acomodação 56

Aos que pedem tudo... 58

Contrate pessoas melhores que você......................60

As armadilhas do excesso de pensamento positivo 62

As palavras movem, os exemplos arrastam.................64

Assuma a sua realidade concreta 67

Como lidar com pessoas grosseiras? 70

Cuidado para não se acostumar com a paisagem 72

Cumprir a palavra..74

Dormir pouco: o mal do século XXI 76

Dos perigos da complacência 78

Ação e omissão: é mais fácil não fazer....................82

Errar é humano, mas cuidado para
não permanecer no erro! 85

Eu ganhei, nós empatamos, vocês perderam................87

Eu pensei que estava seguro em meu emprego 89

"Gente excelente não tem emprego.
Tem responsabilidade"............................92

Mestres em enganar no trabalho.........................94

"Não vendi minha alma para a empresa em que trabalho" 96

O antimarketing pessoal 98

O bullying no ambiente de trabalho......................100

O desejo de status 102

Luiz Marins

O que fazem as pessoas comprometidas?...............105

Os "muito ocupados" 107

Os que não fazem e não deixam fazer..................111

Quem tem medo de ser "certinho"?...................113

Respeito nunca é demais!............................120

Se você "se acha", cuidado!..........................122

Será que vale a pena ser honesto?....................124

Sucesso alicerçado em valores e ética.................126

Você joga pelo time ou por você?....................128

Assuma, de fato, a sua função 130

Invista em você!....................................132

Você é responsável pelo que joga dentro de você.........134

Saber é uma coisa. Fazer é outra!....................136

Juro que eu não sabia…..............................138

Na frente é uma pessoa. Atrás, outra..................140

A polidez e o ambiente de trabalho...................142

As oito horas que fazem a diferença...................144

Você também é responsável...........................146

Dê crédito a quem fez...............................148

Muito competente em coisas sem importância...........150

É ético não ousar?.................................153

É ético ficar parado e não trabalhar para o
crescimento do seu negócio?.....................155

É ético não pôr a mão na massa?.....................157

É ético não fazer uma boa gestão do tempo?.............159

ética, virtudes e valores

É ético se deixar contaminar?.........................161

É ético não preparar sucessores?.....................163

É ético ser grosseiro e mal-educado?.................165

Ouse ser uma pessoa séria!............................167

Boas maneiras e educação fazem parte da ética
   e do sucesso das empresas 168

Aqui tudo é muito feio e sujo....................170

O que eu deveria saber e não sei?...................172

É ético dar ideia e se negar a participar da execução?.......174

É ético ser viciado em se esquecer?...................176

É ético se deixar contaminar pelos não éticos?.............178

É ético não ser franco e leal no ambiente de trabalho?......180

O desafio de se manter ético 182

Mentir pode ser ético?................................184

Conclusão: nunca desista de seus valores.................186

Para continuar refletindo sobre o tema...................189

Conheça outras obras de Luiz Marins....................193

ética, virtudes e valores

Ampliando as fronteiras da ética na empresa

Muitas pessoas confundem ética com honestidade ou com o simples cumprimento das leis e regulamentos. Na verdade, ser ético é mais que simplesmente cumprir a obrigação. Aqui vão algumas perguntas para o leitor refletir sobre a ampliação das fronteiras da ética.

É ético eu ter uma informação relevante para o trabalho de meu colega e não passar a ele essa informação?

É ético eu falar mal de minha empresa nas reuniões sociais em que participo, fazendo até pilhéria de meus chefes e diretores?

É ético eu saber de algum problema de qualidade em produtos e serviços de minha empresa e não levar essa informação às pessoas responsáveis?

É ético eu não preparar sucessores para a minha função, impedindo a empresa de contar comigo em outra posição?

É ético eu não me envolver e não me comprometer com os programas de qualidade, produtividade, saúde e segurança no trabalho?

Essas e muitas outras perguntas poderiam ser feitas para um aprofundamento da discussão sobre ética na empresa.

ética, virtudes e valores

É preciso ampliar os limites do que consideramos ética empresarial. Uma colaboradora que desvia recursos ou bens da empresa comete um crime. É caso de polícia e não de consideração ética. Um comprador que pede benefícios ou propina aos fornecedores não é só antiético, é desonesto e deve ser desligado da empresa por justa causa. Portanto, ética não pode ser confundida somente com honestidade. É preciso, repito, ampliar os limites desse entendimento.

Pense se você é realmente ético. Pense se o seu conceito de ética não é restrito apenas a considerações de honestidade. Decida-se a ampliar os limites da ética para você. Pessoas que ampliam estes limites são especiais e são as que fazem a diferença na empresa de hoje.

Ampliando as fronteiras da ética na comunidade e nas atividades voluntárias

Nas atividades voluntárias, é ético:

- Faltar às reuniões sem motivo justo?
- Não participar ativamente dos projetos e programas do clube ou associação, querendo apenas os benefícios de ser membro?
- Não contribuir financeiramente com as atividades?
- Não se envolver na formação e captação de novos voluntários?
- Não se esforçar para ser exemplo na sociedade, comprometendo o nome da entidade a que pertence?
- Falar mal de membros da mesma associação em público?
- Se eximir de assumir funções mais relevantes?

Ampliando as fronteiras da ética na família

Na família, é ético:

- Não fazer tudo para dar a melhor educação aos filhos?
- Não dar uma formação espiritual, moral e ética aos filhos?
- Não participar ativamente da educação dos filhos, nem se interessar pelo desenvolvimento deles, usando desculpas como falta de tempo ou recursos?
- Descuidar da saúde integral dos filhos – física, mental e espiritual?
- Não propiciar uma educação física e desportiva aos filhos?
- Não participar ativamente das tarefas domésticas?
- Falar mal do cônjuge em público, para os filhos ou amigos etc. mesmo que seja em tom de brincadeira?
- Discutir com o cônjuge na frente dos filhos e de terceiros?
- Viver uma vida individualizada sendo casados, colocando amigos, prazeres e preferências pessoais antes da família?
- Ao mesmo tempo não propiciar que meu cônjuge tenha uma vida individual, com amigos e prazeres individuais?

- Não pagar salário justo e obedecer à legislação trabalhista em relação a trabalhadores domésticos, como diaristas etc.?

- Não dormir 08 horas por noite comprometendo a saúde física e mental e a produtividade intelectual?

Ampliando as fronteiras da ética como pessoa e como cidadã

Como pessoa e como cidadã, seria ético:

- Votar nas eleições por interesses pessoais e não coletivos da Nação, Estado ou Município?
- Não ter coerência de vida entre o que diz e o que faz?
- Não participar da comunidade em assuntos que poderia ajudar?
- Não usar seus dons em benefício de outras pessoas, especialmente as menos abastadas econômica e culturalmente e da sociedade?
- Furar fila?
- Pedir ou aceitar pequenos privilégios em detrimento de outras pessoas menos conhecidas ou mais simples?
- Subornar garçons e atendentes para ter um atendimento privilegiado?
- Parar em vagas especiais sem ter direito?
- Parar em vagas especiais sem o cartão obrigatório por lei?
- Tratar mal pessoas simples como garçons, motoristas, empregados domésticos, manobristas?
- Não olhar para pessoas simples ao falar com elas?

Ética e sucesso profissional

A verdade é que só pessoas éticas, moralmente defensáveis, leais e comprometidas com o que fazem poderão vencer os desafios dos novos tempos do mercado de trabalho. Muitos leitores me dirão que conhecem pessoas pouco éticas e pouco comprometidas que estão empregadas e tendo aparente sucesso. Eu também conheço. A pergunta é: até quando essas pessoas terão sucesso? Conheço empresários pouco éticos. Conheço profissionais pouco éticos. Conheço funcionários pouco éticos. Mas, podem reparar os leitores, que essas pessoas começam a ver o seu espaço diminuir, a ver o chão ruir sob seus pés. O sucesso que aparentemente possuem ou o emprego que ainda sustentam não durarão muito tempo. O mercado, os subordinados, os chefes, os clientes, os fornecedores, estamos todos nos cansando de pessoas pouco éticas e descomprometidas. Essa é a verdade.

Pessoas mentirosas, corruptas, desleais, desonestas estão realmente com seus dias contados. Essas pessoas não têm coragem de olhar firmemente para um espelho. Esse tipo de gente nunca desaparecerá, mas a sua vida será mais difícil a cada dia, à medida que a sociedade evolui e o mundo vai tomando consciência do valor da ética, dos valores morais elevados e da qualidade de vida em sociedade. Essas próprias

ética, virtudes e valores

pessoas perceberão que mais perdem do que ganham. Sua imagem é suja, seu nome sujo, sua reputação suja e nenhum ser humano foi feito para viver constantemente na sujeira e com o desprezo da sociedade.

Para ter sucesso duradouro e paz de espírito, orgulho da imagem que vê no espelho, faça a opção pela ética, pela honestidade, pela verdade, pelo comprometimento. Acredite: apesar de todas as mazelas que lemos nos jornais e assistimos na televisão, ainda vale a pena ser ético.

O respeito aos bens da empresa

O motorista de uma empresa foi me buscar no aeroporto. Passava sobre os buracos sem nenhum cuidado. Freava bruscamente, sem necessidade alguma. Quando perguntei por que tratava tão mal o seu veículo, ele respondeu: "Não é meu, é da empresa".

Vi a secretária do gerente jogando no lixo vários clipes novos e rasgando folhas de papel que poderiam ser reutilizadas. Pedi uma cópia de um documento e ela me trouxe três. Perguntei por que ela não usava aqueles clipes e aquelas folhas novamente e ainda por que tirou três cópias, quando eu só precisava de uma e ela me disse: "A empresa é rica".

Acabou a reunião. Juntamente com o gerente, fui o último a sair. Procurei o interruptor para apagar a luz. O gerente me disse: "Não precisa. Aqui deixamos tudo aceso". Por que algumas pessoas não têm respeito pelos bens da empresa em que trabalham?

Não quero comentar sobre pequenos furtos que alguns funcionários fazem: lápis, canetas, fitas adesivas etc. Também não quero falar de outras pequenas desonestidades como pedir favores a fornecedores etc. Estou apenas dizendo do abuso, do mau uso, da falta de consciência que tenho assistido nas empresas que visito: motoristas que descuidam dos veículos sob sua responsabilidade e acrescentam na nota fiscal

ética, virtudes e valores

do combustível as despesas da conveniência; operários que não se interessam pela manutenção de máquinas e equipamentos; pessoal administrativo que não cuida de seus computadores, arquivos; pessoal da limpeza que joga fora litros e litros de detergente sem nenhuma preocupação. Por que isso acontece?

Com muitos concorrentes, qualidade semelhante e preços similares, a empresa de hoje tem que cuidar muito de seus custos internos. Não se trata de pão-durismo ou sovinice. Trata-se da sobrevivência da empresa e, portanto, da mantença dos empregos dos que ali trabalham. É preciso discutir isso com os colaboradores. É preciso que todos compreendam, de fato, e não só imaginem compreender, que as margens de comercialização de produtos e serviços estão cada vez mais estreitas e, muitas vezes, centavos fazem uma enorme diferença na era de competitividade global que atravessamos. Assim, respeitar os bens da empresa é cuidar para que ela sobreviva com sucesso. É garantir os empregos, garantir o futuro. Essa é a motivação.

Aos que tratam mal pessoas simples

Conheço pessoas que tratam mal pessoas simples. Falam rispidamente quando se dirigem a garçons, manobristas, ascensoristas, manicures, cabeleireiros, porteiros, frentistas de postos de combustíveis, caixas de supermercados etc. Quem essas pessoas pensam que são?

Conheço chefes que humilham subordinados na frente de seus colegas e secretárias que saem chorando das salas de seus mal-educados chefões. Quem eles pensam que são?

Ao mesmo tempo, vejo essas pessoas bajulando outras, ditas "importantes", detentoras de cargos e poder. Para conquistar a amizade dos poderosos elas fazem qualquer coisa. Querem estar entre os "ricos e famosos" e, para tanto, pagam qualquer preço.

Todo ser humano, seja ele quem for, à qual classe social pertença, tenha ou não cargo e poder, exerça a profissão que exercer, merece nosso mais profundo respeito. Nada é mais degradante do que assistir a um ser humano humilhando outro, tratando mal um seu igual.

E, se por acaso, fomos capazes de conseguir mais bens materiais ou melhor educação e estamos hoje numa posição social ou profissional elevada, devemos ser ainda mais

ética, virtudes e valores

humildes e melhor devemos tratar as pessoas simples. Ninguém é melhor que ninguém. Somos todos humanos e seremos mais humanos quanto mais nos respeitarmos e nos tratarmos, uns aos outros, com polidez, gentileza, educação e mesmo amor, que genuinamente consiste em amar ao próximo como a si mesmo.

Acabe com a arrogância. Trate bem todas as pessoas, especialmente as mais simples. Não se iluda: você precisa tanto delas, quanto elas de você.

Contaminadas pelo vírus da arrogância

Por que marcas fortes, empresas dominantes que ficaram anos no topo de suas categorias, perdem essa gloriosa posição de forma tão surpreendente? Por que pessoas famosas, envoltas em glória e fama, perdem a invejada posição?

É claro que há muitas explicações. Mas, sem dúvida alguma, uma delas que nos salta aos olhos, é a **arrogância**. Empresas líderes tornam-se arrogantes com muita facilidade. Pessoas também. O sucesso lhes sobe à cabeça. Não dão mais a devida atenção ao atendimento simpático e cortês, à assistência técnica rápida e eficaz, à visita constante aos clientes principais etc.. Elas começam a acreditar que o cliente e o mercado precisam mais dela do que ela do cliente e do mercado. Tornam-se soberbas e arrogantes; acreditam que sua marca seja capaz de aguentar todos os desaforos. Essas empresas e pessoas não se apercebem quando a arrogância toma conta de suas almas.

Dia destes assisti a um respeitável senhor da sociedade humilhando um manobrista de estacionamento. Já tive o desprazer de ver madames ricas ofendendo balconistas. Já ouvi diretores de empresa dizerem que não precisam de clientes.

ética, virtudes e valores

É o começo do fim! O mais grave é que essas pessoas são ensurdecidas e cegas pelo vírus da arrogância; ainda não compreenderam que é mais fácil chegar ao topo que manter-se lá.

As pessoas que se deixaram inocular pelo vírus da arrogância não suportam mais suas velhas amizades, suas companheiras dos primeiros anos, os lugares simples que frequentavam. O vírus faz um estrago total na mente da vítima. Tudo deve mudar – roupas novas, carros novos, companheiros novos, amigos novos, hábitos novos. E um dos maiores sintomas da arrogância é a cegueira mental que faz com que estes indivíduos não se apercebam de que os novos amigos são falsos amigos e as novas mulheres ou homens só estarão ali enquanto a fama ou a riqueza durarem.

As empresas que se deixam contaminar pelo vírus da arrogância sofrem de perda total de memória. Não se lembram de quem as ajudou a crescer. Esquecem-se dos primeiros clientes, dos velhos fornecedores, dos funcionários que, sem perspectiva alguma acreditaram em seu futuro. Elas se esquecem do passado. É o começo do fim.

Conheço empresas de sucesso que, contaminas pelo vírus da arrogância, tornaram-se irreconhecíveis. Perderam a qualidade intrínseca que as fazia diferentes e que as levou a conquistar, mais do que clientes, amigos e defensores. Um por um, esses amigos-clientes vão se distanciando. Um por um, vão, com tristeza, mudando para a concorrência. E a contaminada empresa, agora abandonada, em vez de perceber a sua doença e buscar a cura, fica ainda mais arrogante. O vírus da arrogância, uma vez inoculado, não deixa mais aquela vítima, até matá-la.

Luiz Marins

E, para não se deixar contaminar, só há uma vacina: a humildade. E a humildade, por sua vez, só pode ser conseguida com muito esforço, muita espiritualidade, muita consciência da transitoriedade da fama e dos bens materiais.

Saiba sair de cena

Uma das coisas que aprendi com pessoas de grande sabedoria é saber sair de cena, deixar o palco, sair da roda, mudar de assunto. Saber o momento exato de fazer com que os holofotes fiquem sobre os outros e não sobre você. No mundo competitivo em que vivemos a sua presença marcante pode marcar demais. A sua ideia brilhante pode brilhar demais. A forma inovadora de pensar pode inovar demais. E nem sempre as pessoas estão dispostas a deixar você brilhar impunemente. É hora de sair de cena. Nem que seja por um tempo. É preciso fazer os outros pensarem que você desistiu. É preciso dar a chance das pessoas acharem que você não quer mais estar no palco.

Mas, saber sair de cena é uma arte tão importante quanto saber entrar nela. Todo ator pratica isso. Assim, é preciso sair de cena com classe. É preciso sair de cena com a discrição de um lorde inglês.

Quando as pessoas se sentem ameaçadas por você e começam a ter respostas agressivas desproporcionais, talvez seja a hora de sair de cena. Quando você, sem ter desejado ou planejado, começa a aparecer muito na sua área de atuação ou no seu setor de trabalho, talvez seja a hora de sair de cena por um tempo. Saber sair de cena é também saber mudar de assunto. Quando as pessoas vêm lhe perguntar e comentar sobre o seu sucesso, sobre seus bens materiais, seu possível enriquecimento etc., querendo fazer você falar sobre você – é hora de mudar de assunto. É hora de sair de cena. Os sábios compreendem que você nada ganhará falando de você mesmo para os outros. Não caia nessa armadilha.

Quando o embate se dará com poderosos e você conhece o poder destrutivo dessas pessoas, pense bem antes de entrar no combate. Talvez você ganhe apenas observando de longe. Deixe a briga de cachorro grande para grandes cães. Saiba sair de cena. Você terá outras oportunidades. Você ganhará outras batalhas com menos estresse, com menores esforços.

É preciso fazer um grande esforço de sabedoria para entender quando se deve sair de cena. É preciso ter uma grande capacidade artística para saber como sair de cena.

Será que temos tido a sabedoria e a arte de sair de cena, deixar o palco, mudar de assunto; na hora certa, no momento exato?

O desafio do equilíbrio emocional

"WASHINGTON – Uma astronauta da NASA foi acusada de tentar sequestrar uma mulher que considerava sua rival na disputa pelo amor de outro astronauta, informou nesta segunda-feira (05 de fevereiro de 2007) a polícia de Orlando, no estado da Flórida.

Lisa Nowak, que integrou a tripulação do ônibus espacial Discovery em julho do ano passado, também foi acusada de agressão física, tentativa de roubo e destruição de provas, segundo documentos judiciais. Nowak, de 43 anos, casada, mãe de três filhos e capitã da Marinha dos Estados Unidos, foi detida nesta segunda-feira (05 de fevereiro de 2007) após viajar de sua casa em Houston (Texas) até Orlando, onde mora a sua rival, identificada como Colleen Shipman.

Segundo a polícia, Nowak achava que Shipman tinha um relacionamento com o astronauta William Oefelein, piloto da marinha que integrou a tripulação do Discovery numa missão à Estação Espacial Internacional em dezembro do ano passado".

Luiz Marins

A triste notícia ao lado mostra os desafios do equilíbrio emocional nos dias de hoje. Não sou psicólogo, nem psiquiatra, nem mesmo psicoterapeuta, mas vejo, a cada dia mais, cenas de desequilíbrio emocional no mundo empresarial, no mundo do trabalho.

"Essas pessoas são extremamente preparadas, por personalidade e treinamento, para lidar com o estresse de estar no espaço", explicou Nick Kanas, professor de psiquiatria da Universidade da Califórnia, em São Francisco, especializado em psicologia de astronautas. Mas ele acrescentou, "isso não significa que eles não sejam vulneráveis a problemas emocionais ou de relacionamentos". A família da ciumenta astronauta afirmou que ela estava vivendo sob intenso estresse.

Em declarações publicadas pela edição digital da revista *People*, a irmã mais nova de Lisa, Andrea Rose, uma advogada de 41 anos, diz que não sabe muito bem o que fazer. De acordo com Andrea, Lisa estava em pleno processo de separação de seu marido, após 19 anos de casamento, e não tinha se recuperado da morte de três amigos na explosão da nave Colúmbia em 2003. "Estamos preocupados com Lisa e estamos preocupados com seu estado", declarou Andrea. Jonathan Rose, cunhado de Lisa, afirmou que ela é uma mãe muito querida e responsável e que era alguém que sempre fazia o que devia.

O primo da astronauta, Tony Caputo, disse que a mãe de Lisa lhe disse que lamenta não saber antes que a sua filha estava tão mal. Sua família não sabe o que fazer, "estamos desolados com o episódio", declarou Caputo.

Poucas pessoas têm a formação educacional e o pre-

ética, virtudes e valores

paro para situações de estresse como um astronauta. O que quero ressaltar é que a instabilidade do casamento rompido após 19 anos e a morte de seus colegas no acidente anterior da Colúmbia parecem ter sido o estopim que fez explodir a bomba emocional de Lisa, a ponto de ter comportamentos absolutamente incoerentes com a sua história e com a sua formação. O que quero chamar a atenção do leitor é que o mundo louco em que vivemos pode colocar qualquer pessoa em situação de desequilíbrio emocional.

Note o leitor que casos, inexplicáveis, como esses, vêm se repetindo em todo mundo. O jornalista brasileiro, ex-diretor de jornalismo do *Banco Mundial* em Washington e editor do jornal *O Estado de S. Paulo*, que matou a jornalista, é mais um exemplo recente que deixou o mundo estarrecido.

O que me parece claro é que temos que repensar a sociedade que estamos construindo. A desestruturação dos valores morais que está destruindo a família precisa ser discutida sem preconceitos. É preciso que não tenhamos medo ou vergonha de defender a família e os valores morais que a sustentam. É preciso salvar a família, ameaçada por um falso modernismo que acha que conceitos como fidelidade, respeito, responsabilidade, espiritualidade são ultrapassados. Casamentos terminam poucos meses após a milionária festa. Filhos nascem de adolescentes e são criados por avós. Marido e mulher se traem sem nenhum constrangimento. Filhos são compensados com bens materiais na ausência de qualquer estrutura de valor espiritual e moral no ambiente familiar.

Numa sociedade do "vale tudo para ser feliz" e do "vale tudo para se conquistar riqueza, fama e sucesso", os valores essenciais da moral, da ética, da espiritualidade, do respeito, da responsabilidade, da honestidade parece não ter espaço. Desamparado de valores, o ser humano fica à mercê de seus instintos e emoções.

Nestas próximas décadas, talvez consigamos salvar a natureza, diminuir a emissão de poluentes que atacam a camada de ozônio e mesmo descobrir novas formas alternativas de energia. Será que conseguiremos salvar a humanidade?

O arrependimento de Xuxa

Xuxa, sem nenhuma dúvida, é um sucesso aos olhos do mundo. Fama, dinheiro, viagens, mansões, carrões, paqueras mil etc. O número de mulheres, e mesmo de homens, que a invejam deve ser contado aos milhares. Mas, parece que, segundo ela própria, alguma coisa na sua vida não ficou bem resolvida. Numa citação à página 14 da revista *Época* nº 387 de 17 de outubro de 2005, ela diz que errou e se arrepende por "não ter estudado inglês e se formado em Veterinária".

Alguém poderá perguntar por que a Xuxa desejaria ser veterinária? Cuidaria ela de animais de pequeno ou grande porte? Abriria ela uma clínica 24 horas para cuidar de cães e gatos? Ou seria para cuidar de seus próprios animais de estimação? Afinal ela pode pagar os melhores veterinários do mundo para cuidar de seus pets.

E por que se arrepende Xuxa de não ter estudado inglês? Com o seu dinheiro ela pode ter quantos intérpretes quiser à disposição!

Que lição podemos tirar desta declaração "xuxiana"?

A verdade é que por mais riqueza material, fama e poder que uma pessoa possa ter, ela sempre sentirá falta daquilo que o dinheiro não pode comprar. Esse é o paradoxo humano! O que o dinheiro pode comprar é sempre mais fácil de ser adquirido. O que realmente desafia o ser humano é o que o dinheiro não alcança.

Nunca conheci um cientista ou literato (de verdade) que invejasse um homem rico. Mas já conheci muitos homens ricos que dariam boa parte de sua riqueza para "comprar" conhecimento e cultura. Por que será? Não é um paradoxo? Afinal o nosso mundo moderno valoriza exatamente tudo o que dinheiro pode comprar. Quanto mais rica for uma pessoa mais feliz ela será, dizem os padrões de nossa sociedade. Será?

Pense no arrependimento de Xuxa. Pense se nós não estamos dando excessivo valor às coisas materiais em detrimento do estudo, do conhecimento, da ética, da moral, enfim das coisas que o dinheiro não pode comprar.

Pense se não estamos pautando a nossa vida pela busca desenfreada de bens materiais na ilusão de que neles encontraremos a felicidade. Pense se não estamos investindo pesadamente em coisas transitórias e deixando de investir nas coisas permanentes e definitivas como família, amizades, estudo, cultura, conhecimento, enfim coisas que ninguém pode nos tirar, nem o mais esperto assaltante, nem o mais tirano governante.

Pense no arrependimento da milionária e famosa Xuxa. Ela tem tudo o que dinheiro pode comprar e sente falta do conhecimento, que só o tempo e a dedicação podem conquistar.

É ético, em relação a você, não estudar, não se esforçar para ter uma formação melhor, mesmo que não seja financeiramente necessário?

O que pensa o brasileiro?

Para entender bem o valor do tema **ética** é importante revisitarmos algumas pesquisas e enquetes sobre o que pensa o brasileiro e quais os valores fundamentais que ele quer ver colocados em prática no dia a dia.

A primeira delas que quero comentar é uma pesquisa Datafolha: "Relatório Folha da Utopia Brasileira" publicado na *Folha de S. Paulo* no dia 23 de abril de 2000. A pesquisa ouviu 2831 pessoas acima de 16 anos, de todas as classes sociais, em 129 municípios em todos os estados, entre os dias 20 e 21 de março de 2000, com uma margem de erro de dois pontos percentuais e intervalo de confiança de 95%, e foi realizada pela Gerência de Pesquisa de Opinião do Instituto Datafolha.

Uma das perguntas da pesquisa foi: **O que deve ser valorizado nos próximos anos?** O resultado foi o seguinte:

79% – família

75% – trabalho

68% – estudo

49% – religião

26% – dinheiro

10% – lazer

Uma segunda pesquisa que quero comentar foi a apresentada no 1º Congresso Brasileiro de Pesquisa, no ano de 2004, pelo Instituto Interscience, e publicada na página 33 da revista *Meio & Mensagem* do dia 29 de março de 2004, com o título: *"Pesquisa mostra que brasileiro tem aversão à Lei de Gerson'"*. A chamada foi a seguinte: *"A InterSciente apresentou na semana passada, durante o 1º Congresso Brasileiro de Pesquisa, um estudo que mostra que o brasileiro tem aversão à 'Lei de Gerson' (de levar vantagem em tudo). Honestidade e solidariedade são os valores mais prezados pela população e servem de base para suas decisões – do produto que vai comprar ao candidato que contará com o seu voto. Se as empresas não estiverem sintonizadas com esses valores, menor será a fidelidade do consumidor às suas marcas."* (vide quadro abaixo).

ética, virtudes e valores

Assim, o que a população mais valoriza são Honestidade (78%), Verdade (77%), Confiança (72%), Respeito ao outro (72%), Solidariedade (70%), Diálogo (69%), Empresas éticas e honestas (67%), Limpeza em todos os lugares (66%), Bem-estar, saúde física e mental (65%).

A maior indignação sentida pelo brasileiro é não conseguir fazer valer esses valores no dia a dia, e a sensação de impunidade que tem em relação aos que transgridem as leis, normas e mesmo regras básicas de civilidade.

Assim, várias pesquisas, entre elas as duas aqui mostradas, nos indicam que o brasileiro tem como valores a honestidade, a verdade, a confiança, o respeito ao outro e ainda quer a proteção da família, do trabalho, do estudo e da religião.

Como sempre, há pessoas que não acreditam no que essas pesquisas nos apontam. Evidências, porém, têm nos mostrado que elas retratam bem o que pensa a maioria dos brasileiros.

Se verificarmos as enquetes do site da *Anthropos* (nossa empresa de consultoria) teremos a mesma realidade confirmada, como pode ser visto nos gráficos da página ao lado.

O que quero dizer é que, diferentemente do que sempre nos fizeram acreditar, o brasileiro não é intrinsecamente desonesto, vagabundo e aproveitador. Talvez seja tempo de um novo pacto ético para o Brasil.

O que você mais valoriza numa pessoa?

Número de votos: 12539 – www.anthropos.com.br – 03/10/2018

48.7% Ética (tem valores elevados no emprego e na vida pessoal)
6111 votos

31.9% Honestidade (honesta em tudo)
4005 votos

11% Inteligência (tem conhecimento, sabe muitas coisas)
1379 votos

4.9% Solidariedade (ajuda as outras)
611 votos

1.9% Religiosidade (tem muita fé e pratica os valores religiosos)
233 votos

0.7% Esperteza (ninguém passa essa pessoa para trás)
94 votos

0.3% Aparência (tem beleza física e/ou veste-se bem)
41 votos

0.3% Prestígio e Posição Social (tem poder)
34 votos

0.2% Riqueza (tem muitos bens materiais)
28 votos

Qual o maior defeito de uma pessoa?

Número de votos: 10749 – www.anthropos.com.br - 03/10/2018

25.6% Ser desonesta
2749 votos

24.1% Ser falsa com as outroas pessoas
2593 votos

20.6% Ser mentirosa
2216 votos

15% Ser arrogante
1616 votos

4.9% Ser puxa-saco
522 votos

3.8% Ser preguiçosa
412 votos

3.5% Ser fofoqueira
374 votos

1% Não ter uma religião
103 votos

0.7% Ser boba de outras pessoas
78 votos

0.6% Ser pão-dura
64 votos

0.2% Vestir-se mal
22 votos

Um pacto ético

Uma das coisas que poderemos fazer para ter um ano novo mais feliz é um **Pacto Ético**. Esse pacto pode ser muito simples e se todos fizermos, tudo pode mudar para melhor em nosso País. Minha sugestão é a seguinte:

Que cada um de nós pegue uma caneta e um papel e faça uma lista de coisas que faz, normalmente, em sua vida profissional. Lembremo-nos de nosso cotidiano, do que as demais pessoas e a sociedade esperam de nós profissionalmente.

Após a lista feita, vamos escrever o nosso Pacto Ético, prometendo fazer tudo aquilo (da lista) com ética, honestidade, respeito às pessoas, respeito aos clientes etc. Sugiro mesmo que escrevamos o que, de fato, significará fazer essas coisas com ética. Por exemplo, na minha lista como professor, farei a promessa de preparar melhor todas as aulas em respeito aos meus alunos, e corrigir as provas com critério justo etc.

Além da lista específica referente à nossa atividade profissional, cada um de nós pode prometer as seguintes coisas simples, pessoais, individuais, porém essenciais a um Pacto Ético:

Prometo:

1. Cumprir o que prometer;
2. Cumprir horários;
3. Pagar meus tributos;

4. Combater toda forma de corrupção ativa e passiva, seja nos governos ou empresas;
5. Não cobrar preços abusivos sobre meus produtos e serviços;
6. Não boicotar programas e projetos da empresa em que trabalho;
7. Terminar as coisas que começar;
8. Dar atenção aos detalhes em tudo o que fizer;
9. Ter senso de urgência quando me solicitarem alguma coisa;
10. Ter a coragem de dizer "eu não sei" e "eu não compreendi";
11. Correr riscos para fazer o melhor pelas pessoas que dependem de mim;
12. Tratar as pessoas com educação, polidez, cortesia;
13. Dizer "Obrigado", "Por favor"; "Com licença", "Desculpe-me";
14. Não mentir.

Se cada um de nós fizer esse esforço ético o mundo e o Brasil poderão ser diferentes.

Coisas simples, éticas, fazem uma grande diferença na qualidade de vida de todos nós. Muito de nosso estresse se dá pela falta de ética pessoal e profissional das pessoas com quem convivemos todos os dias. É a empresa que não cumpre os prazos; é o funcionário que diz ter feito o que não fez; são as pessoas que nos enganam o tempo todo; são os corruptos ativos e passivos que conhecemos; são os mentirosos com quem somos obrigados a conviver.

ética, virtudes e valores

Sem um Pacto Ético continuaremos a sofrer as consequências da Lei de Gerson, onde todos queremos ganhar e todos perdemos.

Esse Pacto Ético deve ser um movimento silencioso, individual, honesto, sem alarde. Deve ser um compromisso nosso, conosco. Não precisa ter repercussão na imprensa, ninguém precisa falar dele. Nós e a nossa consciência, no dia a dia, nas coisas simples, onde ninguém estará nos vendo, é que provaremos que temos um caráter ético a ser resgatado.

E podemos fazer isso.

Faça o Pacto Ético com você mesmo.

Quem tem a maior virtude? Você, por ser confiável, ou eu, por confiar em você?

A pergunta acima é a base do relacionamento entre as pessoas. Veja que ela é difícil de ser respondida, exatamente porque as duas partes têm que ter a virtude da confiança para que um relacionamento seja realmente possível e duradouro. Você tem que ser confiável, mas eu também preciso confiar. Confiança exige crédito, que vem de acreditar, novamente, confiar. Sem confiança todo o relacionamento humano se rompe.

E se você pensar bem, quase tudo que fazemos exige confiança. O empregador confia que o trabalhador cumpra suas tarefas e o empregado confia que o patrão cumpra suas obrigações e o respeite como ser humano. O aluno confia que a escola lhe dê uma educação de valor e os professores confiam que os alunos façam a sua parte estudando, participando e se interessando por aprender.

É assim em tudo na vida. Pensem num casamento. Pensem nos filhos. Quanto um filho tem que confiar em seus pais e quanto os pais têm que confiar em seus filhos! Sem confiança é impossível imaginar instituições sociais sólidas e perenes. Quando você contrata um serviço, confia que o prestador irá

ética, virtudes e valores

entregar o que foi contratado. Até mesmo quando votamos, confiamos que aquele que escolhemos irá cumprir com sua palavra e com suas promessas.

Assim, as perguntas que temos que nos fazer constantemente são: sou confiável? As pessoas podem realmente confiar em mim? Cumpro a minha palavra? Cumpro minhas obrigações? Cumpro horários e prazos? Ajudo? Colaboro? Participo? Faço mais do que a simples obrigação? Sou uma pessoa realmente honesta e ética? E ainda: confio nas pessoas? Perdoo? Ajudo as pessoas a serem mais confiáveis? Lembre-se de que sem confiança os relacionamentos humanos, pessoais ou comerciais não podem dar certo. É preciso ser confiável e confiar.

10 pequenas coisas que fazem uma grande diferença

"Professor, o problema não é de conhecimento. O que falta é berço", disse-me a empresária ao relatar os problemas que estava enfrentando em relação às pessoas em suas empresas. "São pequenas coisas que deveriam ter sido ensinadas em casa ou na pré-escola", desabafou. Fizemos uma lista com algumas dicas simples que fariam uma enorme diferença para melhorar o clima de uma empresa:

1. Lembre-se sempre de dizer "com licença"; "por favor" e "obrigado", mesmo que alguém esteja cumprindo sua obrigação, ou seja, muito amigo;

2. Fale baixo. Ria baixo. Não seja inconveniente;

3. Use o telefone e a internet somente para assuntos de trabalho. Evite usar esses meios para assuntos particulares;

4. Ao tomar emprestada alguma coisa, nunca se esqueça de devolver e agradecer;

5. Ajude a manter limpo o ambiente de trabalho. Mantenha limpo o sanitário após o uso. Cuidado com copos e xícaras sujas. Jogue os copinhos de café no local apropriado. Arrume sua mesa de trabalho;

ética, virtudes e valores

6. Respeite a fila. Mesmo que ache desnecessário respeitá-la, porque vai pegar só uma coisa etc. Não queira parecer esperto;
7. Não fale mal dos outros. Não se envolva em fofocas;
8. Cuidado com as anedotas e brincadeiras pessoais, como apelidos. Cuidado para não ofender as pessoas;
9. Cuide de sua imagem. Vista-se de acordo com a empresa. Afinal você está num ambiente de trabalho e não numa festa ou diversão;
10. Controle a sua agressividade. Cuidado com a forma de falar e escrever. Não seja rude.

São coisas simples que farão uma enorme diferença para que o clima de sua empresa favoreça a produtividade e a excelência.

A elegância e o mundo do trabalho

Jamais confunda elegância com frescura, com superficialidade ou falsidade. Jamais confunda elegância com ausência de firmeza ou assertividade.

A palavra **elegância** tem sua origem na palavra latina *eligere* que quer dizer "escolher", "ser escolhido", "ser eleito". Ora, uma pessoa elegante é aquela que, pelo seu comportamento adequado à realidade, por ser polida, respeitosa, amigável, será sempre uma pessoa escolhida dentre as demais. Ninguém escolherá uma pessoa rude, grosseira, grotesca, grossa, tosca, mal-educada. Por isso as pessoas elegantes são as escolhidas.

Assim, uma pessoa elegante é uma pessoa educada; que sabe se comportar em público; que não fala o que não deve; que não se envolve em fofocas; que sabe se comportar ao comer; que se veste com sobriedade; que não fala alto demais; que devolve o que empresta; que não invade espaços alheios; que sabe ouvir com atenção e respeito; que sabe dizer "com licença"; "por favor"; "obrigado"; "me desculpe" – palavras mágicas de um comportamento elegante e que foram esquecidas em nosso vocabulário.

Todos os colaboradores da organização devem cuidar da elegância em seu sentido correto. Vejo pessoas que se

ética, virtudes e valores

vestem mal, de maneira inadequada, tanto em relação às roupas quanto à maquiagem. É preciso ter elegância nas escolhas. Evitar roupas que seriam mais apropriadas a um final de semana, como chinelos, camisetas, camisas sujas etc. Não estou advogando que usemos roupas caras, de grife ou sofisticadas. Estou falando de um bom senso ao vestir, adequado a um ambiente profissional.

A elegância é necessária porque todos nós passamos as oito melhores horas de cada dia e os 35 melhores anos da vida no trabalho. Um ambiente elegante dignifica a vida, pois ser elegante é ser civilizado. E a falta de civilidade tem levado empresas até a prejuízos, pois o ambiente ruim não atrai pessoas de talento. Ninguém deseja trabalhar em ambientes rudes, grossos, onde a falta de educação e a ausência de polidez são o padrão. E lembre-se de que pessoas elegantes são pessoas simples, humildes, especiais e, por isso, são eleitas entre as demais. Seja simplesmente elegante!

A importância do reconhecimento

O reconhecimento é um dos fatores de sucesso mais importantes para nós mortais. Pouco adianta atingirmos um determinado sucesso se não formos reconhecidos. Existe até uma piada sobre um sujeito que vivia solitário numa ilha e salvou a Sharon Stone de um naufrágio, ficando sozinho com ela na ilha por duas semanas. Depois desse tempo, ele pediu a ela que se vestisse de homem e desse a volta na ilha. Encontraram-se do outro lado da ilha e ele virou-se para ela (vestida de homem) e disse: "- Zé! Você não vai acreditar no que eu vou lhe contar. Estou sozinho numa ilha com a Sharon Stone!".

Estar com a Sharon Stone numa ilha, sozinho, poderia ser muito bom, mas era preciso que alguém soubesse disso, isto é que alguém "reconhecesse" aquele feito.

Da mesma forma, em nossa empresa, é preciso que chefes e colegas percam o medo de elogiar, de reconhecer o mérito das pessoas. Temos a tendência de repetir comportamentos que nos são positivamente reforçados, portanto, quando reconhecemos um valor, ele tende a se multiplicar, tanto para a pessoa que foi alvo de nosso reconhecimento, quanto para as demais. Assim, o reconhecimento é fundamentalmente

ética, virtudes e valores

importante para o sucesso pessoal e profissional de qualquer pessoa. Um "muito obrigado", uma mensagem, um cumprimento sincero, valem muito para quem recebe. Temos que perder o medo de demonstrar gratidão às pessoas que nos ajudam a obter o que queremos. Ninguém vence sozinho. Sabemos disso. E se sabemos disso, que tal passarmos a adotar ações concretas de reconhecimento e gratidão?

Vejo diretores, gerentes, supervisores, pais e mães que têm medo de elogiar. Ainda existem profissionais em cargos superiores que acham que chefiar é encontrar erros, punir. Inseguros na sua chefia, essas pessoas vivem a buscar alguma coisa para criticar. É preciso que nos acostumemos a incentivar nossos subordinados, reforçando os bons comportamentos através de elogios. Quando uma pessoa só é cobrada pelas suas falhas, sua autoestima vai diminuindo, e os erros começam a se multiplicar. Ela começa a acreditar que não é mais capaz de acertos, até mesmo nas coisas mais simples.

Faz parte também do reconhecimento dar crédito a quem realmente merece. Assim, também tenho visto chefes que furtam ideias de seus subordinados, dizendo serem aquelas ideias de sua propriedade, ao invés de creditá-las ao verdadeiro autor. Um chefe que tem o hábito de furtar ideias de seus subordinados acabará ficando isolado, pois nenhum de seus colaboradores virá com ideias novas com o medo de que o chefe possa se apropriar delas. Por incrível que possa parecer, essa é uma prática muito comum de chefes inseguros. Estes não compreendem que sua chefia será a cada dia mais valorizada, quanto mais suportada pelo seu pessoal subordinado. Há tempos atrás, um chefe precisava bajular seus supe-

Luiz Marins

riores para manter-se no cargo. Hoje parece ser o oposto. Ele precisa ser apoiado pelos seus subordinados para manter-se. E esse suporte será maior quanto maior for a capacidade de um chefe em oferecer reconhecimento ao trabalho, esforço, dedicação e comprometimento de seus subordinados.

Pense nisso.

A lição de George Dandin

George Dandin ou *"O marido traído"* é uma comédia francesa de Molière. Ela estreou em 18 de julho de 1668, no Palácio de Versalhes.

George Dandin é um rico camponês que deseja muito um título de nobreza. Para conseguir o que queria, ele deu parte de sua fortuna para se casar com Angélique, filha de Monsieur e Madame de Sotenville, tornando-se Monsieur de La Dandinière.

Os amigos de George Dandin o aconselharam muitas vezes a desistir de seu intento de querer um título de nobreza e se casar com Angélique, pois ela era cheia de caprichos e nunca desejou se unir a Dandin. George, entretanto, não ouviu os conselhos de seus amigos.

Diante dessa mulher rebelde que sequer conseguiu levar para a cama, Dandin nada pode fazer. Ela o humilhava publicamente e ele não pode impedir que Clitandre, nobre libertino da Corte cortejasse abertamente Angélique. George Dandin tenta reagir, mas aristocratas fazem baixas acusações na aldeia sobre ele; e sua desgraça só aumenta. Numa das montagens que assisti dessa maravilhosa peça de Molière, Dandin, que não parava de reclamar de sua mulher, via e logo se desviava, de um espelho que baixava repentinamente à sua frente todas as vezes que reclamava de sua caprichosa mulher. Ao baixar do espelho, uma voz dizia: *"tu la voulú, George Dandin"* que quer dizer "Você quis, você sabia, George Dandin". Os espelhos representavam sua própria consciência que lhe lembrava dos conselhos de seus amigos que o avisaram de tudo o que iria acontecer em seu casamento com a irreverente Angélique.

A lição de George Dandin para todos nós é a de que devemos assumir, sem reclamar, as decisões que tomamos na vida e as opções que fazemos, ao mesmo tempo em que devemos ouvir e considerar os conselhos que nos são dados, principalmente, por amigos.

A maneira de falar faz toda a diferença

Tão importante quanto o tema ou assunto é a maneira de falar, o jeito, as palavras utilizadas, o olhar, a postura de corpo. De fato, muitos dos problemas de relacionamento no trabalho são produtos diretos da forma de falar, e não do tema que está em discussão.

Um dedo em riste, um tom de voz mais elevado, um olhar arrogante, um cumprimento displicente, podem dizer mais do que mil palavras. Para viver em sociedade, é preciso aprender certas normas de convívio social que incluem a comunicação não verbal. Também é preciso aprender como dizer o que tiver que ser dito, sem ofender o interlocutor pela forma rude de falar. Passamos muitas horas do dia trabalhando, e a deterioração do ambiente de trabalho está, muitas vezes, ligada à forma de nos comunicarmos. Pessoas que não aprenderam a se comunicar de forma civilizada, geram barreiras emocionais nas outras, que procuram evitá-las, trazendo prejuízos para empresas e clientes.

Lembro-me de um chefe totalmente inábil em chamar a atenção de seus subordinados. Em vez de resolver o problema ele criava um maior ainda, pois a sua forma de chamar a atenção gerava uma reação emocional de todo o grupo que acabava se tornando solidário ao colega, apesar de concordar que o erro em questão merecia uma punição. A revolta geral era por conta da conduta do chefe, não pela punição em si.

Da mesma forma, tive um colega de trabalho totalmente inábil ao se comunicar com nosso chefe. Todas as vezes que ele se dirigia ao chefe para fazer uma solicitação ou comentário, o chefe se ofendia e ficava irritado. As mesmas solicitações e comentários feitos por outros colegas não irritavam o nosso chefe. Nosso colega dizia que o chefe não gostava dele. Essa não era a realidade. A verdade é que ele usava palavras erradas e tinha uma forma agressiva e irônica de falar. Quando discutimos o assunto com nosso colega e sugerimos que ele mudasse sua forma de se comunicar, os problemas deixaram de existir.

Faça uma autoanálise da forma como você se comunica. Reflita se, na sua empresa, muitos dos problemas que ocorrem não são produtos da maneira como as pessoas se comunicam.

Acomodadas na própria acomodação

Tenho ficado impressionado com pessoas acomodadas, dominadas pela preguiça. Elas não encontram mais sentido nos desafios do trabalho, nos embates do dia a dia, perdem a alegria de viver.

O pior é que as vejo acomodadas em sua própria acomodação. Não viajam, não vão ao cinema, não vão ao teatro, não vão a shows, não leem, não querem aprender nada de novo, não visitam amigos, não curtem parentes. São verdadeiros mortos-vivos defronte a um aparelho de TV, esperando notícias ruins.

Acomodadas e preguiçosas logo se tornam palmatórias do mundo. Mortas de inveja de quem se mexe, se desafia, quer fazer, viaja, vai a cinemas e teatros, curte aprender coisas novas, elas viram críticas do mundo. Não conseguem ver senão um muro preto defronte à janela de suas vidas.

Neste início de ano tome cuidado para não se deixar contaminar por esse terrível vírus! Desafie-se todos os dias. Mesmo que sinta preguiça, levante-se e vá! Vista-se bem. Compre uma roupa nova para melhorar esse seu visual caído que nem você aguenta mais ver no velho espelho de seu quarto. Vá a um salão de beleza e dê um trato nesse seu cabelo e hidrate sua pele. Isso vale mesmo para os aposentados, aqueles que se dizem "velhos demais" para essas baboseiras. Mesmo sem vontade, conheça novos lugares, faça passeios, atividades culturais, vá a shows de música. Leia bons livros, mesmo forçando aquela leitura que parece nunca acabar. Saia de casa, visite amigos, areje sua cabeça antes que ela mofe de vez. Conheço jovens de 80 anos e velhos de 20. Cuide de sua cabeça! E a melhor maneira é se desafiando todos os dias a vencer a acomodação e a preguiça. Levante-se cedo! Tome uma boa ducha, vista uma roupa decente, coloque um perfume qualquer, nem que seja para ficar em casa fazendo algum trabalho doméstico. Jogue fora aquela camiseta velha e rasgada e aquela calça de pijama que não tem mais barbante na cintura. Jogue fora aquela camisola de 30 anos atrás. Não fique o dia todo de pijama ou penhoar, se arrastando pela casa como se fosse um fantasma, de quem qualquer outro fantasma fugiria. Vença a preguiça! Não se acomode! Faça do próximo ano um verdadeiro ano novo!

Aos que pedem tudo...

Conheço pessoas "pidonhas". Pedem tudo. Querem tudo. Não são capazes de viver ou trabalhar sem pedir coisas, favores, serviços às outras pessoas. Essas são aquelas que nunca se responsabilizam totalmente por uma tarefa. Sempre têm que pedir ajuda. O pior é que essa ajuda, nem sempre é um simples auxílio. Querem mesmo é que o outro faça o trabalho por elas.

Pessoas "pidonhas" sempre se dizem ocupadas demais, atarefadas demais. Acho que a ocupação delas é pedir para que os outros façam o que elas próprias deveriam fazer.

Há também pessoas "pidonhas" que pedem coisas emprestadas a todo mundo. Pedem desde um pedaço do seu sanduíche até a sua caneta ou mesmo dinheiro. Uma moça me disse ter uma colega de trabalho que pedia suas bolsas e sapatos emprestados para ir a festas. Essas pessoas são literalmente viciadas em pedir.

Há ainda as que nem sequer pedem. Vão pegando as coisas dos outros sem sequer pedir licença. É um horror! Não há quem suporte essas pessoas! Elas fazem um grande mal ao ambiente de trabalho. Sabem que estão erradas, mas fazem de conta que não é com elas, e continuam com seu comportamento irritante. Para se livrar dessas pessoas, muita gente tranca tudo em suas gavetas à chave. Esconde suas coisas para evitar que esses "pidonhos" venham logo pedir emprestado.

É claro que se pode pedir ajuda e mesmo algo emprestado, mas há que se ter muito bom senso para não abusar do direito de pedir.

Faça um bom exame de consciência: você tem o hábito de pedir muitas coisas emprestadas? Você devolve o que emprestou nas mesmas condições que recebeu? Você tem consciência de que as pessoas não gostam de emprestar suas coisas para estranhos, a não ser para amigos muito chegados e excepcionalmente? Você tem o hábito de mexer nas coisas de seus colegas de trabalho? Você agradece a quem lhe emprestou?

Contrate pessoas melhores que você

Uma das principais razões do sucesso dos líderes é que eles contratam e chamam para trabalhar somente pessoas melhores que eles próprios. Não têm medo de pessoas competentes. Não veem, em seus subordinados, um concorrente, mas um aliado que os ajudará a levar a empresa adiante e sempre para o sucesso.

A ilusão de contratar pessoas medíocres que serão sempre subservientes, submissas, obedientes etc., faz com que muitas empresas experimentem o fracasso. O chefe (sempre todo poderoso) tem a falsa impressão de ser um líder autêntico. Mas de que adianta liderar um grupo com baixo desempenho? Qual o valor de ser um líder de pessoas pouco competentes, pouco comprometidas, pouco eficientes?

O verdadeiro líder é apoiado e suportado por um grupo de pessoas competentes e comprometidas. O verdadeiro líder faz questão de ter em seu grupo sempre pessoas melhores que ele próprio. Uma vez conheci um empresário de grande sucesso que me disse: "Aqui, só melhores que eu!" E, analisando a razão do seu sucesso, todos concordavam que ela estava na qualidade da equipe que ele conseguira reunir sob sua liderança – um melhor que o outro!

Luiz Marins

Assim, você que está numa posição de liderança, perca totalmente o medo de contratar pessoas melhores que você. Com autoconfiança e espírito aberto, você será capaz de reunir pessoas que farão a diferença para você e sua empresa. Essas pessoas reconhecerão a sua liderança, apoiarão você e todos sairão ganhando.

Pense nisso. Contrate só os melhores!

Melhores que você!

As armadilhas do excesso de pensamento positivo

David Collinson, professor da *Lancaster University Management School*, da Inglaterra, publicou na revista *Leadership* (vol.8 n.2 – Maio 2012) um interessante artigo chamado *"A Liderança Prozac e os Limites do Pensamento Positivo"*. Ele afirma que os excessos da liderança positiva podem fazer com que as pessoas deixem de pensar criticamente e ver a realidade concreta, levando a empresa a tomar decisões erradas.

O autor analisou aproximadamente 200 estudos sobre liderança, pensamento positivo e dinâmica organizacional, e reconhece que a habilidade de persuasão é um fator de sucesso na gestão e que o otimismo é um dos mais eficazes métodos de comunicar objetivos e metas.

Entretanto, diz ele, quando há um exagero nessa forma positiva de ver a realidade, pode-se cair no otimismo excessivo, numa "exuberância irracional da realidade" ou mesmo numa "tirania do pensamento positivo". Em síntese, ele diz que "Líderes Prozac", como ele denomina, podem acabar acreditando em sua própria narrativa de que tudo está bem. Como consequência, passam a questionar cada vez menos a verdade, não desejando ouvir qualquer coisa que seja contrária à crença de que tudo vai bem, se isolando cada vez mais e se distanciando da realidade concreta.

Sempre tentei explicar aos meus leitores e alunos que motivação não é emoção, não é autoajuda. Motivação são os **motivo**s, de ordem lógica, racional, pelos quais eu faço as opções em minha vida; e sempre afirmei que o excesso de otimismo com base na emoção e na consciência ingênua, descolada da realidade dos números e dados, é muito perigoso para o processo de tomada de decisão. Sou um fervoroso defensor do entusiasmo e não do otimismo inconsequente.

Entusiasmo significa eu acreditar na minha capacidade de vencer obstáculos através do trabalho, da força, da disciplina, da determinação. Otimismo significa eu acreditar que as coisas darão certo ou mesmo que não existem os problemas que estão, de fato, à minha frente. O otimismo moderado é positivo. O excesso de otimismo é perigoso e pode nos afastar da realidade.

Assim, gostaria que você refletisse e observasse se você e sua empresa não estão no caminho da "melhoria contínua do autoengano", acreditando que as coisas aconteçam só pelo pensamento positivo, em vez da análise, do planejamento, do trabalho diário e comprometimento com o sucesso de cada um de seus clientes, através da criação de produtos e serviços realmente relevantes para o mercado.

As palavras movem, os exemplos arrastam

Não se iluda, *Verba movent, exempla trahunt*, como diz o título deste artigo. Numa empresa, nada ocorre de baixo para cima. Ou os dirigentes dão o exemplo ou nada ou pouco ocorrerá. Não adianta falar. Não adianta fazer discursos. Não adianta colocar faixas. Não adianta pregar quadrinhos nas paredes com frases de efeito e exortações para a qualidade, para o atendimento ao cliente, para a cortesia, para a prestação de serviços. Se os dirigentes não tiverem um genuíno comportamento e atitudes **exemplares** tudo ficará no discurso, na intenção; e pouco ocorrerá de concreto no cotidiano da empresa. Essa é a verdade, nua e crua.

Temos feito várias pesquisas de antropologia corporativa e os resultados são surpreendentes. Se você chega num hotel e é friamente ou rispidamente atendido na recepção, pode ter certeza, o gerente do hotel trata as pessoas e seus funcionários, fria e rispidamente. Se você é tratado com descortesia no supermercado, pode ter certeza de que o gerente trata os colaboradores com descortesia. Se você é tratado secamente pelas enfermeiras e atendentes num hospital, pode ter certeza de que a direção do hospital trata a todos da mesma maneira. Se você, numa empresa, tem dificuldades em ser atendido com uma reclamação ou pedido, pode ter certeza de que a diretoria e as gerências têm uma atitude negativa em relação a pedidos de clientes. E assim por diante. Se um garçom atende você mal num restaurante, pode ter certeza de que o dono ou gerente do restaurante trata mal os seus colaboradores. Os funcionários de uma empresa repetem as atitudes e comportamentos de suas chefias. Acredite!

Assim, é através do exemplo e das pequenas atitudes e comportamentos do dia a dia que passamos a visão e os valores de nossa empresa aos nossos funcionários. Não adiantam campanhas, faixas, cartazes, panfletos se não houver o exemplo da liderança, principalmente nas pequenas coisas.

Tenho visto empresas que gastam tempo e recursos em campanhas institucionais de qualidade, por exemplo. São dezenas de peças – folhetos, faixas, livretos, pôsteres impressos e digitais e até palestras falando e disseminando o conceito e a importância da qualidade. Na prática, essas campanhas não têm eficácia. Por quê? Porque a liderança da empresa não está, de fato, comprometida com a qualidade. E isso é demonstrado a cada momento, a cada comportamento, a cada decisão da diretoria. Na hora de contratar os fornecedores, escolhe-se não pela qualidade, mas pelo preço. Na hora de comprar equipamentos, escolhe-se não pela qualidade, mas pelo preço. Na hora de escolher a embalagem, opta-se pela mais barata e não a que melhor protegerá o produto. Na hora de contratar funcionários, escolhem-se os mais precários porque são mais baratos. E a qualidade?

A qualidade fica no discurso.

Da mesma forma, vejo os famosos programas de **Encan-**

ética, virtudes e valores

tamento do Cliente. Na maioria das empresas são verdadeiras peças de ficção. Novamente, uma campanha é lançada com pompa e circunstância, discursos e coquetéis. Mas, na prática, os comportamentos emitidos pelos dirigentes vão em direção totalmente oposta ao tal encantamento dos clientes. Os clientes são considerados impertinentes quando solicitam alguma atenção especial, são mal atendidos pela diretoria, os dirigentes são inacessíveis aos clientes. Na prática, tudo o que puder ser "tirado" do cliente e não "dado" a ele é a regra do dia a dia. E o encantamento do cliente fica, novamente, no discurso.

Enquanto os dirigentes e líderes não tiverem consciência de que se não derem o exemplo de atendimento, qualidade, comprometimento, atenção aos detalhes, *follow up*, educação, cortesia, limpeza, respeito etc., nada disso ocorrerá na empresa, estaremos vivendo a mentira dos quadrinhos e das faixas de exortação. Continuaremos ouvindo a telefonista repetir, com aquela voz mecânica que nossa ligação é a coisa mais importante para a empresa e continuaremos a receber o tratamento frio, descortês, descomprometido e sem os resultados que esperamos, como clientes.

Lembre-se do ditado latino: *Verba movent, exempla trahunt* – "As palavras movem, os exemplos arrastam". Dê o exemplo.

Assuma a sua realidade concreta

Paro em frente a um bar sujo, imundo mesmo, com cadeiras quebradas, paredes sujas, papéis jogados pelo chão etc. Em cima do balcão havia uma pilha de jornais e revistas.

Quando entrei no bar, o dono me reconheceu dos programas de televisão e disse de forma muito animada:

"Professor Marins! Não acredito que seja o senhor mesmo! Que bom que o senhor apareceu por aqui! Por favor, me responda, o senhor acha que o Vladimir Putin vai durar muito no governo com toda essa crise?"

Mal acreditando na pergunta que estava me fazendo, perguntei: "O da Rússia?". E ele respondeu: – "Sim, o da Rússia!".

E então eu disse: "Confesso que não sei se o Vladimir Putin vai ou não cair.". E ele replicou: "Eu fico preocupado!".

E eu então lhe disse: "Com razão! Imagino a influência da queda do Vladimir Putin no seu bar aqui na beira desta rodovia do interior!".

Ele então me fez outra pergunta: "O que o senhor acha que vai aconteceu com o preço do ouro na bolsa de Londres que está caindo há mais de uma semana?". E eu perguntei, espantado: "O senhor tem muitos ativos em ouro?".

ética, virtudes e valores

Ele disse: "Não! Mas eu fico preocupado!".

Ao sair do bar e voltar para a estrada, ainda um pouco atordoado pelas preocupações daquele dono de bar, fiquei pensando: esse homem pegou uma pneumonia mental! O que ele deveria mesmo é pegar uma vassoura e varrer aquele bar; um pano com álcool e limpar os vidros; um pincel e uma lata de tinta e dar um trato naquelas paredes sujas!

Quantas pessoas vivem assim! Em vez de cuidar das coisas de sua realidade concreta ficam preocupadas ou querendo resolver os problemas da Rússia, da Grécia, do Euro ou mesmo de quaisquer coisas sobre as quais não tem nenhuma capacidade de influir. Conheço muitas pessoas assim: elas têm solução para todos os problemas do mundo, menos para os seus próprios problemas!

É claro que não sou a favor de pessoas alienadas, fora da realidade, que não leem jornais e não se informam. Mas é preciso ter equilíbrio e cuidar primeiro das coisas que dependem de nós e resolver os problemas que são de nossa responsabilidade.

Vejo nas empresas pessoas que ficam discutindo e criticando o tempo todo, querendo resolver problemas de outras áreas ao mesmo tempo em que os problemas que lhe dizem respeito não são enfrentados, nem resolvidos. Vejo pessoas que apresentam soluções mirabolantes para a crise do Oriente Médio, e que não cuidam de sua própria saúde ou de sua família.

Você, leitor, também conhece pessoas assim. Não sou contra discutir ou criticar, mas é preciso ver e cuidar primeiro de nossa própria realidade concreta. É preciso lembrar que os corruptos, criminosos ou aqueles que estão na mídia

Luiz Marins

todos os dias jamais atenderão nossos clientes ou salvarão nossas empresas.

Se não assumirmos nossa realidade, ninguém a assumirá, e com certeza a nossa crise aumentará ainda mais.

Como lidar com pessoas grosseiras?

A pergunta acima me foi enviada por uma telespectadora de meus programas de televisão. Segundo ela, as pessoas perderam a noção e o conceito de polidez e educação no ambiente de trabalho: "As pessoas são grosseiras em tudo", afirma ela. "São grosseiras no falar, no comer, no sentar, na forma de responder, no reclamar", continua ela. E essa telespectadora não foi a primeira a me fazer o mesmo comentário. O que fazer?

A falta de educação e de polidez está tornando difícil ou quase impossível o convívio entre chefes e subordinados, entre colegas de trabalho, entre colaboradores e clientes e fornecedores. A verdade é uma só: ou fazemos um pacto de civilidade em nossas empresas e organizações ou a guerra surda, ou declarada, só irá piorar.

E dentro desse pacto as empresas e organizações precisam, com urgência, realizar treinamentos de civilidade e boas maneiras para seus colaboradores. Conheço empresas que têm vergonha de fazer esse tipo de treinamento acreditando que possa ofender os colaboradores. Puro engano! As pessoas hoje precisam e querem aprender o que seus pais e a escola não ensinaram.

Luiz Marins

A forma de discutir boas maneiras tem que ser bem cuidada para que o tema não vire gozação ou afetação exagerada, nem constranger as pessoas. Podem ser utilizados vídeos, trechos de filmes, exercícios, tudo de forma leve e descontraída, explicando-se o conceito de civilidade e de dignidade e sua importância para o convívio saudável entre as pessoas, principalmente no ambiente de trabalho, onde não escolhemos as pessoas com quem convivemos.

Pessoas grosseiras, como descreveu a telespectadora, nem sempre têm culpa de sua grosseria. A maioria delas não recebeu uma educação civilizada. Há pessoas a quem nunca foi ensinado sequer como pegar num garfo e faca, como se comportar numa reunião social ou no ambiente de trabalho e menos ainda como falar sem ofender; ou mesmo a consciência de que seus direitos terminam onde começam os direitos das outras pessoas. É preciso fazer a caridade de ensiná-las.

Muitos me dirão ser um absurdo que a empresa tenha que educar para a civilidade, o que deveria ser uma atribuição da família e da escola. Concordo! Mas se quisermos ter sucesso e paz em nossas empresas e organizações vamos ter que enfrentar mais esta!

Cuidado para não se acostumar com a paisagem

Um dos maiores perigos que enfrentamos na vida é o de nos acostumarmos com a paisagem. Significa não enxergar mais os detalhes das coisas que vemos todos os dias, dos ambientes em que frequentamos diariamente. Como vemos sempre a mesma coisa, estamos sempre naquele lugar, já não prestamos mais atenção às coisas erradas, quebradas, sujas. Como estamos sempre com as mesmas pessoas, elas se tornam parte da paisagem e não damos mais a atenção que deveríamos dar a elas. Passamos a não tratar bem, com respeito e polidez, as pessoas com quem convivemos diariamente. A verdade é que nos acostumamos com aquela paisagem e ligamos nosso piloto automático.

Vejo empresas com paredes sujas, cantos quebrados, salas de espera mal arrumadas, banheiros sujos e malcuidados e até plantas secas em vasos secos. Quando chamo a atenção, as pessoas da empresa se surpreendem. Elas não enxergam mais aquilo tudo. Elas se acostumaram com a paisagem.

Conheço subordinados que perderam o respeito em relação a seus chefes e chefes que perderam o respeito em relação a seus subordinados. Esse relacionamento diário fez com que ambos os lados não prestassem mais atenção ao

Luiz Marins

que falam, como falam, como se comportam etc. O mesmo acontece com velhos clientes e velhos fornecedores. Eles acabam fazendo parte de nossa paisagem e aí não damos mais a atenção que dávamos a eles e até acabamos perdendo o respeito que deveríamos ter.

Na vida pessoal é a mesma coisa. A nossa esposa, o nosso marido, nossos filhos e até pais e amigos começam a fazer parte de nossa paisagem e não damos mais a atenção que deveríamos dar a eles. Perdemos o respeito que se traduz em gentileza, consideração, em ouvir com atenção e levar a sério o que dizem.

Há até mesmo o risco de nossa imagem começar a fazer parte da paisagem e não percebermos mais o quanto estamos gordos, feios, malvestidos e até com falta de cuidados em nossa higiene pessoal. Aquela imagem que vemos todos os dias no espelho acaba fazendo parte da paisagem, como se não pudesse ser mudada.

Cuidado, pois, para não se acostumar com a paisagem. Preste atenção!

Cumprir a palavra

Tenho recebido dezenas de mensagens de pessoas que reclamam do desaparecimento da virtude de cumprir a palavra. O que mais me chama a atenção nessas mensagens é que a maioria delas é de pessoas jovens, abaixo dos 35 anos. Digo isso porque há uma ideia de que cumprir a palavra é coisa do passado ou de pessoas velhas.

É realmente incrível como as pessoas não cumprem a palavra. Dizer ou não dizer, prometer ou não prometer parece ser a mesma coisa. E a consequência do desaparecimento dessa pequena virtude é que todos perdem. Perde o que deu a palavra e não cumpriu, pois, sua credibilidade foi para o ralo, e ninguém mais em sã consciência acreditará em qualquer coisa que ela disser ou prometer. Perde, obviamente, a vítima do não cumprimento que foi enganada, acreditando na palavra de alguém.

Conversei com vários profissionais do comportamento humano sobre as possíveis causas dessa praga que está assolando o mundo atual e poucos conseguiram me responder. Não se cumpre mais horário, nem prazo, nem mesmo pequenas coisas de pouco valor. Dar retorno é quase um milagre. As pessoas prometem retornar uma ligação ou uma informação e simplesmente desaparecem.

Isso sem falar nos negócios. As mensagens que recebo contam histórias incríveis de vendedores que prometeram e não cumpriram, enganaram, e até de clientes que prometeram um determinado pagamento e depois disseram não ter prometido. Pequenos golpes parecem ser absolutamente a regra. Deposito amanhã o seu dinheiro e não depositar; mudar cláusulas de uma negociação; fazer medições fraudulentas etc., etc. E um respeitado advogado me disse que nem mesmo contratos assinados são hoje cumpridos totalmente, o que sobrecarrega a justiça. "Parece que ninguém mais cumpre a palavra", disse-me um juiz de direito com inúmeras causas desse teor.

Será que realmente cumprir a palavra caiu de moda? Como viver num mundo onde a desconfiança é a regra? Como conviver numa realidade em que o que as pessoas falam e prometem nem sempre será a verdade? Será que não estamos dando, todos nós, um tiro nos próprios pés e todos perdendo?

Dormir pouco: o mal do século XXI

Estudos modernos de neurociência têm reafirmado os efeitos nocivos e muito graves da falta de sono, tanto no trabalho quanto na vida.

Mais de 60% das pessoas – adultos, adolescentes e jovens – têm dormido menos de oito horas por dia, que é a recomendação da Organização Mundial da Saúde. Os malefícios para a saúde, para a educação, para o trabalho e produtividade são imensos, e começam a ser contabilizados.

Em seu livro *Why we sleep* (Por que nós dormimos), o professor e pesquisador da Universidade da Califórnia, Berkeley, Matthew Walker afirma que a privação do sono é um dos mais sérios problemas do Século XXI. "Estamos dormindo cada vez menos" afirma ele e as consequências para a sociedade são imensas em quase todos os campos.

Estudos recentes comprovam que quase todas as doenças do mundo moderno têm como uma de suas mais sérias causas a privação do sono. "Dormir menos que sete horas por noite é uma receita certa para graves doenças", afirma o autor.

O alto índice de acidentes no trabalho está diretamente ligado à falta de sono, assim como os acidentes no trânsito, que aumentam a cada dia.

Com base nessas pesquisas, empresas americanas e europeias estão exigindo que seus colaboradores assinem um Termo de Compromisso de dormir, no mínimo, sete horas por noite. A capacidade de inovação, a criatividade, a atenção e concentração, o bom humor e, principalmente, a memória, dependem fundamentalmente do hábito saudável de dormir oito horas por noite.

O assunto é tão grave que grandes universidades e fundações, como a Fundação Luiz Almeida Marins Filho, Fundação Clinton e outras estão fazendo um sério trabalho para reeducar a população para o valor do sono. Dormir pouco já está sendo tratado por governos, como um problema de saúde pública.

Assim, dormir mais e melhor é fundamental para uma vida saudável, com mais saúde, energia, motivação e sucesso. E você? Como anda o seu sono?

Pense nisso:

- *Você reclama de esquecimentos frequentes?*
- *Você vive irritado com pequenas coisas?*
- *Você vive cansado e se achando sobrecarregado?*
- *Você leva trabalho para casa quase todos os dias?*
- *Você vive plugado em seu smartphone o tempo todo?*
- *Você tem se sentido ansioso demais? Estressado?*
- *Você tem dormido o suficiente? Um mínimo de sete horas por noite?*
- *Você tem consciência dos riscos que corre por dormir pouco?*

Dos perigos da complacência

Para vencer os desafios da competitividade globalizada, uma empresa só pode ter em seus quadros pessoas excelentes, com obsessão pela qualidade, obsessão pela excelência. Não dá para vencer com pessoas "mais-ou-menos". E nós, brasileiros, temos um grande defeito. Somos excessivamente complacentes com pessoas que não são excelentes, com quem não agrega valores à nossa empresa. Somos "bonzinhos" e complacentes demais com pessoas que não querem vencer, que não querem crescer, que não querem se desenvolver pessoal e profissionalmente.

E assim, nossas empresas estão cheias de pessoas pouco excelentes. E nada ou pouco fazemos para nos livrar delas. Ouço com frequência empresários, diretores, gerentes, supervisores que me dizem: "Minha telefonista é um horror!". E eu respondo: " Mas ela continua lá?". E sempre vem uma resposta do tipo: "Ela começou comigo faz muitos anos...", ou ainda "Ela tem cinco filhos, mora longe...", ou ainda pior " Foi um vereador amigo meu quem a indicou...".

É o vendedor ruim – que não vende e ainda fala mal de nossa empresa. É a balconista mal-educada que trata mal nossos clientes. É o motorista desleixado que não cuida do veículo e ainda reclama o tempo todo etc., etc.

Luiz Marins

É claro que temos que tentar elevar as pessoas, treiná-las, fazê-las ver a responsabilidade delas com a empresa. Mas não podemos passar a vida inteira carregando pessoas incompetentes em nosso negócio. Quem mantem pessoas de baixa qualidade no quadro de colaboradores está fazendo cortesia com o emprego dos outros. Não será somente aquela pessoa quem perderá o emprego. Todos perderão porque, com pessoas pouco excelentes, com certeza, a empresa não sobreviverá nestes tempos de competição brutal no mercado.

A complacência com quem não é excelente é um mal que tem trazido consequências danosas para as organizações. E, muitas vezes, somos complacentes com a baixa qualidade das pessoas por pura preguiça. Preguiça de recrutar e selecionar um novo funcionário. Preguiça de treinar; preguiça de corrigir comportamentos e atitudes. E a verdade é que quase sempre essa preguiça vem disfarçada de comentários do tipo: "Não adianta trocar de pessoa – hoje ninguém presta mesmo!", ou ainda " Só vamos trocar de defeitos. Esta tem um defeito, a outra tem outros e tudo acaba na mesma...". E assim, vamos ficando com pessoas incompetentes e de baixa qualidade em nossa empresa.

Outro efeito não linear gerado por esse excesso de benevolência é que os demais colaboradores da empresa, quando veem tamanha tolerância das chefias com quem não é excelente, ficam totalmente desmotivados a exigir mais de si próprios e a buscarem a excelência. Afinal, o que ganham em ser excelentes, se quem não é acaba mantido na empresa e, muitas vezes, até promovido?

Conheço empresas nas quais os funcionários mais "es-

ética, virtudes e valores

pertos" já aprenderam que fazer o chamado marketing interno ou saber vender-se bem internamente ou ainda bajular a chefia basta para que fiquem no emprego, independentemente de fazer o trabalho com real competência. Essas pessoas percebem rapidamente que a organização dá pouco valor ao que realmente ocorre no mercado ou com os clientes. E os funcionários chamados de comuns, ou simples, que cumprem o seu dever, fazem as coisas certas e não estão preocupados ou não têm a aptidão para vender-se internamente ficam para trás nas promoções e nos programas de incentivo, tão em moda hoje em dia.

É preciso acabar com o conformismo da complacência aos que não são excelentes. É preciso treinar, treinar e treinar. É preciso exigir de nossos colaboradores comportamentos de alta qualidade, a atenção aos detalhes e o *follow-up* que farão a diferença para nossos clientes. E quando percebermos que alguém em nosso grupo não está disposto ou disponível para empreender a mudança para a qualidade e para a excelência, devemos simplesmente dispensar essa pessoa.

Sei que recrutar e selecionar profissionais excelentes é uma tarefa penosa, demorada, exige comprometimento, busca, contatos, tempo. Sei que pessoas excelentes são mais exigentes e exigirão de nós melhor tratamento, melhores condições de trabalho etc. Mas, acredite, não nos resta alternativa. Ou temos conosco indivíduos excelentes ou morreremos como empresa, mais cedo ou mais tarde.

A complacência é, portanto, fatal. Quando perceber a desídia, a falta de comprometimento, o descaso, o descuido dos detalhes, a falta de compromisso em terminar as tarefas iniciadas, o dirigente deve imediatamente chamar a atenção e exigir de seus subordinados a excelência. O dirigente empresarial, hoje, não pode aceitar e ficar inerte frente a situações que comprometam o futuro da empresa, da marca, do negócio. A complacência com a falta de competência de nossos colaboradores significa aceitar a derrota por antecipação. E para derrotados nenhuma explicação salva, nenhuma desculpa compensa, nenhuma complacência justifica.

Ação e omissão: é mais fácil não fazer

É sempre mais fácil não fazer;

É sempre mais fácil omitir-se diante da realidade;

É muito mais fácil não se meter;

É muito mais fácil economizar-se;

É sempre mais fácil fingir que não viu;

É sempre mais fácil dizer que não tem tempo;

É muito mais fácil negar-se a participar;

É sempre mais fácil recolher-se só no seu canto;

É muito mais fácil criticar quem faz;

É sempre mais fácil achar erros nos que agem;

É muito mais fácil ser extremamente prudente;

É sempre mais fácil não errar por não fazer;

É sempre mais fácil achar-se impotente;

É muito mais fácil taxar de metido aquele que faz;

É muito mais fácil ser rígido que flexível;

É sempre mais fácil ser autoritário que democrata;

É muito mais fácil discutir com ignorantes;

É muito mais fácil fugir do que é novo;

Luiz Marins

É sempre mais fácil repetir velhas fórmulas;
É sempre mais fácil achar-se perseguido pelos outros;
É muito mais fácil tramar pelas costas;
É muito mais fácil não acreditar em ninguém;
É sempre mais fácil achar-se o dono da verdade;
É sempre mais fácil vestir a carapuça no outro;
É muito mais fácil ser falso que autêntico;
É muito mais fácil ser ateu, agnóstico, que cristão;
É sempre mais fácil chamar de puxa-saco aquele que faz;
É sempre mais fácil não pedir ajuda a ninguém;
É sempre mais fácil ser autossuficiente, que reconhecer
as limitações;
É sempre mais fácil exigir total fidelidade do que ser fiel;
É sempre mais fácil esquecer-se de agradecer;
É sempre mais fácil ser mesquinho, do que dar;
É muito mais fácil dizer não do que sim;
É muito mais fácil achar que os outros estão "abusando";
É muito mais fácil não admitir, do que compreender;
É sempre mais fácil cortar, do que atar, emendar,
permitir;
É muito mais fácil achar os outros ignorantes, do que
se analisar;
É muito mais fácil não se comprometer com o social;
É sempre mais fácil querer tudo por escrito, para não
se comprometer;
É sempre mais fácil sair limpo, do que sujar-se na ação;

ética, virtudes e valores

É muito mais fácil só ter amigos;

É muito mais fácil ser morno;

É sempre mais fácil deixar-se corromper, do que denunciar;

É sempre mais fácil subornar, do que enfrentar;

É muito mais fácil ir devagar, do que depressa;

É muito mais fácil achar que o "mundo é assim mesmo";

É sempre mais fácil não confiar no ser humano, do que crer no Homem;

É sempre mais fácil desconfiar de todo mundo;

É sempre mais fácil estar bem com todo mundo;

É muito mais fácil dizer: "eu sou assim mesmo e não vou mudar";

É muito mais fácil achar perigoso, do que correr riscos;

É sempre mais fácil não fazer.

Errar é humano, mas cuidado para não permanecer no erro!

Esta frase em latim – *Errare humanum est, perseverare autem diabolicum* – "Errar é humano, permanecer no erro é diabólico" – atribuída a Santo Agostinho, é um axioma filosófico com o qual tentamos mitigar uma falha, um erro, ou mesmo uma queda moral, na sua primeira parte – errar é humano. Já a segunda parte – permanecer no erro é diabólico – nos afirma que a aceitação da fraqueza humana não deve justificar a continuidade do erro.

Em meu livro *"Só não erra, quem não faz"* afirmo que o erro honesto, em busca do acerto, fruto da criatividade e da busca da inovação é a base da ciência e do conhecimento, e não podemos viver paralisados pelo medo de errar. A verdade é cristalina: todos nós cometemos erros e não devemos ser condenados pelo fato de errarmos. Porém, permanecer no erro, de forma deliberada, deve ser totalmente condenado.

Escrevo sobre este tema porque essa antiga sabedoria tem sido esquecida por pessoas e empresas. É comum vermos a continuada negação do erro por aqueles que erraram e, mais ainda, o vício de perseverar no erro agravando ainda mais os danos que o erro causou. E, o mais grave é que, além de permanecer no erro, essas pessoas e empresas, se valem

ética, virtudes e valores

de mentiras, meias-verdades e dissimulações para prejudicar suas vítimas.

Nada é mais edificante para um ser humano do que pedir desculpas e agir prontamente para reparar, sempre que possível, qualquer erro que tenha cometido, mesmo voluntariamente, e do qual sempre terá o direito de se arrepender. Se errar é humano, reconhecer o erro é altamente virtuoso e meritório e mostra dignidade e coragem da parte de quem errou. Essa humildade libertadora e edificante só fará melhorar a imagem de quem reconhece ter cometido um deslize e poderá trazer a compreensão e mesmo a compaixão, até mesmo daquelas que tenham sido vitimadas pelo erro.

Assim, temos que lembrar que só não erra quem não faz, mas, ao errarmos temos que reconhecer nossas falhas, pedir desculpas, reparar as vítimas e jamais permanecer no erro, aprendendo com eles e nos esforçando para não os repetir.

Eu ganhei, nós empatamos, vocês perderam...

Conheço chefes que confundem autoridade com autoritarismo. São do tipo "Eu ganhei, nós empatamos, vocês perderam". Quando as coisas dão certo é graças a ele. Quando dão errado, a culpa é do time e não dele. A palavra autoridade vem do latim *augere* que significa "fazer crescer". Assim, o verdadeiro chefe, o verdadeiro líder é aquele que faz sua equipe crescer, fazendo com que cada um de seus liderados tenha condições de dar tudo de si para que o time ganhe. Ele não apenas desafia cada um dos membros de sua equipe para que o time vença, mas, e principalmente, ele **se** desafia para que cada membro da equipe cresça em benefício de seus companheiros e do time.

Chefes com ego inflado, cheios de si, não formam times vencedores. Eles vivem como se estivessem o tempo todo defronte a um espelho, olhando-se, admirando-se. Cheios de si, na sua mente não há espaço para mais ninguém. Eles preenchem com sua arrogância e soberba todos os espaços.

Muitos chefes me perguntam por que seus colaboradores não se comprometem. Muitas vezes sou obrigado a dizer que a maior parcela de culpa recai sobre os próprios chefes, que não dão espaço para que os colaboradores se compro-

ética, virtudes e valores

metam. Fazem uma gestão pelo medo. Punem o erro honesto e assim impedem, de fato, seus subordinados de criar, inovar, tentar, propor.

Conheço chefes punitivos que criam equipes mentirosas. Num processo de autodefesa seus liderados jamais contam a verdade. A informação é enfeitada, dourada, maquiada, falsificada, para que ele não destile sua ira sobre as pessoas. Quem perde? O próprio chefe, é claro. E, como consequência direta, a empresa, os clientes, enfim, todos. Não há ganhador, todos perdem.

Liderar pessoas não é fácil e não é para qualquer um. É preciso que chefes sejam formados como verdadeiros líderes que sabem que seu papel principal é fazer seus liderados crescerem e não ele próprio.

Eu pensei que estava seguro em meu emprego

"Eu pensei que eu estava seguro em meu emprego e não estava, fui dispensado, o que aconteceu?" Ouvi este desabafo de um funcionário demitido após 18 anos de trabalho na mesma empresa.

Passada a comoção da dispensa, ele me diz: "Na verdade eu me acomodei, achei que estava seguro, que a empresa precisava mais de mim do que eu dela, rejeitei algumas propostas para mudar de cidade e ajudar o estabelecimento de uma nova filial, protelei um curso de inglês, que meu gerente queria que eu fizesse, tirei férias nos dias em que novos equipamentos foram instalados e perdi o treinamento sobre como operá-los, sem ter me dado conta. Comecei a falar mal da minha empresa (quem observou isso foi a minha mulher), a criticar as novas políticas de qualidade e produtividade. Professor, dancei!"

Você está empregado, você está seguro, você se sente absolutamente seguro e, de repente, você é dispensado. De repente, seu chefe imediato ou seu patrão chamam você, contam até uma história bonita, dizem que você foi uma pessoa importante para aquela empresa, que todos reconhecem isso, mas houve uma "reestruturação", um corte, sei lá o que – ordem da matriz – e você dança.

ética, virtudes e valores

Por que isso aconteceu?

A razão é que muitas vezes as pessoas se acham seguras demais em seu emprego. "Professor, eu dancei porque pensei que estava seguro em meu emprego".

Na verdade, a pessoa não fez nada diretamente errado e que tenha motivado a sua dispensa. Uma gota de água todo dia vai enchendo o copo, até que uma gota faz o copo transbordar. Uma palavra, um gesto, um comentário em relação a um fornecedor ou cliente, pode ser essa gota d'água.

Muitas vezes o motivo é que você perdeu o respeito pelos colegas. Isso é muito comum. Você começa a fazer brincadeiras de mau gosto: "o baixinho, o gordo, o careca, o feio, o feioso". E daí acontece a dispensa. E quando converso com o chefe ou patrão dessa pessoa, ouço o seguinte comentário: "É Professor, ele era muito bom, ele foi o melhor funcionário nosso, ele realmente era uma pessoa espetacular, de repente, a gente não sabe o que aconteceu com ele". E olha, todo mundo fala alguma que coisa aconteceu, porque ele foi ficando uma pessoa difícil. "Mas, difícil por quê?", eu pergunto e a resposta é: "Ah, sei lá, Professor, pequenas coisas".

Perguntei para muitos patrões, muitos chefes, muitos executivos por que você dispensa uma pessoa que estava tão segura? Veja algumas coisas que eles me disseram:

1ª) Arrogância;

2ª) Achar-se indispensável: a pessoa se acha tão fundamental, que acaba sendo dispensável, acha que sem ela a empresa não sobreviverá.

3ª) Fazer-se de ocupada: a pessoa que começa se fazer

Luiz Marins

de muito ocupada é porque perdeu a noção de que ela não é, por certo, a pessoa mais atarefada do mundo.

4ª) Não participar de cursos, treinamentos, palestras que a empresa promove.

5ª) Pessoas que cumprem rigorosamente o horário, nenhum minuto a mais, nenhum minuto a menos. Pessoas que não andam o quilômetro extra.

6ª) Segurar informações e não passar para os outros.

O que eu quero dizer é que se você quer manter o emprego, você tem que tomar cuidado. Quando a pessoa é dispensada ou sai, diz para mim e para todos os chefes: "Nessas três semanas eu vou dar um tempo para eu descansar e vai ter fila de gente querendo me contratar, porque eu é que fazia tudo lá na empresa". E, de repente, passa um mês, passam dois meses, passam seis meses, passam dois anos e a pessoa está desempregada, por que será?

Pense se você não está se sentindo seguro demais em seu emprego. E acabe com a arrogância, acabe com o ser o dono da verdade, participe, seja amigo, se comprometa, faça tudo com atenção aos detalhes e termine tudo o que começou. Só assim que você estará realmente seguro.

"Gente excelente não tem emprego. Tem responsabilidade"

Jim Collins, um dos mais importantes pensadores da administração moderna, é o autor da frase acima. De fato, pessoas excelentes excedem a sua súmula de atribuição. Não fazem somente o que é exigido. Elas assumem responsabilidades.

É importante lembrar que uma pessoa responsável é aquela que responde pelas coisas. Não dá desculpas. Não se exime de fazer o que tem que ser feito para que um objetivo seja atingido. E como é responsável, faz tudo dentro dos limites da ética.

Pessoas responsáveis têm perseverança. Não desistem. Elas ultrapassam seus limites. Não choram. Passam do plano do choro ao da ação, e modificam a realidade.

Por isso, temos hoje a exigência de trabalhar com gente excelente em nossas empresas. Com um mercado de muitos concorrentes, qualidade semelhante e preços similares, vencerão as empresas que tiverem funcionários excelentes, capazes de surpreender e encantar clientes, com produtos e serviços que façam os clientes optarem por ela.

Gente excelente anda o quilômetro extra. Faz mais do que a maioria: faz a diferença, compromete-se com o sucesso de cada cliente, de cada fornecedor, de cada colega de trabalho. Esse comprometimento responsável é a marca das pessoas que foram contaminadas pelo vírus da excelência.

E o mais importante é que pessoas excelentes, comprometidas, responsáveis são mais felizes, porque têm o reconhecimento das outras ; porque têm a consciência tranquila de ter ido além do simples cumprimento da função, porque têm o espírito de servir. Como são mais felizes, trabalham com mais alegria e como trabalham com mais alegria são promovidas com maior rapidez — e eis aí uma das razões pelas quais indivíduos excelentes e responsáveis têm sempre mais sucesso na vida pessoal e profissional.

E você? Tem um emprego ou responsabilidade?

Mestres em enganar no trabalho

A revista *The Economist*, a mais importante na área de economia e negócios do mundo (inglesa), publicada desde 1843, em sua edição de 25 de outubro de 2014, traz um interessante artigo sobre a arte de enganar no trabalho, com o irônico título *"Um Guia para Enganar (no trabalho): como prosperar no trabalho com o mínimo de esforço."* No artigo a revista descreve desde o antigo artifício de deixar o paletó no encosto da cadeira para que o chefe pense que o funcionário já chegou ou ainda não saiu, até truques mais modernos como ficar com olhar sério e fixo no computador fingindo estar vendo algo importante referente ao trabalho e, na verdade, estar no Facebook papeando com amigos ou marcando uma festa.

Todos nós conhecemos esses mestres em enganar no trabalho. Muitos deles fazem questão de dizer que são os primeiros a chegar e os últimos a sair. Mostram-se preocupados com tudo o que acontece. Fazem-se de ocupados o tempo todo e fazem aquilo que os ingleses chamam de "teatro do entusiasmo". São os primeiros a aplaudir novas ideias e projetos, mas na hora de fazer estão sempre ocupados, marcam viagens e acompanham tudo, mas sempre longe da execução de fato.

E no final, aparecem para receber os elogios e, até mesmo, espertamente, elogiar os colegas que fizeram acontecer.

A revista mostra que esse problema é maior em grandes empresas. Quanto maior a empresa, mais fácil é enganar, diz a The Economist, sem falar no serviço público, sem dúvida o local mais propício para os mestres na enganação em qualquer lugar do mundo, afirma.

A maneira mais eficaz de pegar essas pessoas enganadoras é estar presente no local de trabalho, e acompanhar de perto o que fazem. Enfim, participar ativamente da execução e não ficar fechado em gabinetes, como faz a maioria dos gestores.

"Não vendi minha alma para a empresa em que trabalho"

Ele falava "gatos e sapatos", horrores detalhados da empresa em que trabalhava. Ninguém prestava! Os produtos eram ruins, as pessoas falsas e tudo o que de ruim o mundo poderia produzir estava em seu emprego. Quando todos da rodinha ficaram espantados com esse comportamento, ele emendou: "Falo mal mesmo, porque não vendi minha alma para a empresa em que trabalho". E continuou: "O fato de eu trabalhar lá não tem nada a ver sobre o que eu penso das pessoas e dos produtos da empresa. É apenas o meu ganha-pão".

Conheço muitas pessoas assim. Pessoas que falam mal de seus empregos, de seus empregadores, de seus colegas de trabalho, dos produtos que elas próprias ajudam a fabricar e dos serviços que prestam. Todas dizem não terem vendido sua alma para a empresa em que trabalham e que, portanto, "só trabalham lá".

Será que essas pessoas estão certas? Que elas podem falar mal de tudo e de todos em sua empresa, não há dúvida alguma, afinal são seres livres. A pergunta mais profunda é se elas devem ter essa atitude, pois nem tudo o que podemos fazer, devemos fazer. Poder é uma coisa, fazer é outra. E por que elas não deveriam falar o que sentem? Por que deveriam elas deixar de ser verdadeiras? Afinal, "não venderam suas almas", como dizem.

A razão é muito simples. Uma empresa é uma comunidade de trabalho. Todos os membros dessa comunidade são, na teoria e na prática, responsáveis – isto é, respondem por essa comunidade, suas ações, seus produtos, serviços etc. Se uma pessoa tem o repetido comportamento de falar mal de sua própria comunidade, se ela discorda de tudo e de todos, e se sente até vergonha de estar naquele meio, é porque ela não se sente membro dessa comunidade. E neste caso ela tem dois caminhos: ou tenta mudar a sua comunidade e seus membros, ou deve deixá-la, buscando outra com a qual se identifique e sinta orgulho em participar. Uma pessoa que não tome um desses caminhos, e opta por permanecer na comunidade como um membro alheio a ela, não está eticamente correto. Essa é a razão.

Assim, realmente você não precisa "vender a sua alma" para sua empresa ou para seu emprego. Mas, lembre-se de que participar de uma comunidade traz exigências morais e éticas das quais você não pode se esquecer. E, lembre-se, a empresa nada mais é que uma comunidade de trabalho.

Veja se você tem esse hábito de falar mal de sua empresa, de seus colegas, de seus chefes, de seus subordinados. Mude esse hábito. Faça alguma coisa para mudar a realidade de sua empresa e, se você vir que essa mudança é impossível e você realmente não concorda com os rumos atuais, tenha a coragem de sair e buscar outra comunidade onde suas ideias sejam aceitas.

O antimarketing pessoal

Aqui vão 13 coisas que você deve fazer, se quiser arruinar sua imagem. É o antimarketing pessoal.

1. Roube ideias de seus colegas e diga a seu chefe que elas são suas;
2. Seja falso. Fale mal dos outros pelas costas. Mas na frente, sorria e elogie;
3. Se tiver alguma informação relevante ao trabalho de seu colega, não passe a ele. Deixe que ele se arrebente;
4. Nunca ensine nada da sua função a alguém. Não entregue o ouro para o bandido!
5. Seja um puxa-saco declarado. Agrade seu chefe e as pessoas que estão "por cima", nem que seja mentindo;
6. Trate mal as pessoas, principalmente as mais simples. Não perca tempo com pessoas de baixo;
7. Não participe dos programas da empresa. Dá trabalho e não dá dinheiro;
8. Não fique um minuto além do seu horário e chegue sempre um pouco atrasado para mostrar a sua importância;
9. Não faça nada além da sua obrigação contratual. A escravidão já acabou!

Luiz Marins

10. Não se comprometa com nada. Fique na sua, sempre!
11. Nunca participe de festas e confraternização. Isso é pura besteira e só traz problemas;
12. Se você for chefe, arme ciladas para seus subordinados caírem;
13. Deseje ardentemente ter muito sucesso pessoal e profissional fazendo as doze coisas acima e se não der certo, faça corpo mole para ser demitido e saia falando mal da empresa em que trabalhou.

Pense nisso. Fracasso!

O bullying no ambiente de trabalho

Conheço pessoas que passam boa parte do tempo de trabalho falando do que fazem, do que sabem, do que fizeram, do que ajudaram e de quanto são ocupadas e importantes. Fazem autopromoção o tempo todo. Falam alto sobre uma tarefa que vão realizar. Falam alto quando terminam, enfim, parecem verdadeiros sistemas de alto-falantes dentro da empresa a alardear o que estão fazendo e o que irão fazer. Esse excesso de autopromoção se volta contra elas próprias, pois acabam fazendo um papel ridículo de se achar uma pessoa insubstituível.

Geralmente, essas pessoas também são muito críticas de seus colegas de trabalho. Segundo dizem, só elas trabalham, só elas são ocupadas, só elas são importantes. Mas, o mais interessante é que elas não falam diretamente. Elas passam o dia todo dando indiretas em seus colegas, com frases como "fico irritado com gente folgada..." ou ainda "tem gente que parece que nasceu cansado e não quer saber de trabalhar" e outras frases do gênero.

Essas pessoas quase sempre são bajuladoras de chefes. Quando o chefe pede alguma coisa elas correm na frente de seus colegas para fazer primeiro, não dando chance às outras pessoas para que façam esse atendimento. E, mais uma vez, alardeiam a sua prontidão, indiretamente chamando os seus colegas de lentos, preguiçosos etc.

Na verdade, existe um verdadeiro *bullying* também no ambiente de trabalho. Pessoas que intimidam outras e criam situações de constrangimento psicológico que torna o ambiente de trabalho insuportável às suas vítimas.

Estou escrevendo sobre isto porque tenho visto que pessoas mais introvertidas que fazem as coisas sem alarde, muitas vezes têm sido esquecidas em promoções, pois muitos chefes caem na armadilha das que alardeiam tudo o que fazem. Tenho visto empresas perderem pessoas excelentes por se sentirem absolutamente sufocadas num ambiente hostil.

Esta intimidação também pode ocorrer por excesso de brincadeiras de mau gosto, piadinhas sem graça, gozações que não param. As pessoas que são alvo constante dessas brincadeiras se sentem muito mal, e com razão.

É preciso acabar com o *bullying* na empresa, pois ele existe. É preciso que todos os níveis de chefia estejam atentos para que, devido a esse tipo de comportamento de alguns, a empresa não perca seus melhores talentos.

O desejo de status

Outro dia fui repreendido por uma advogada porque não a chamei de "doutora". Um amigo me contou que ficou esperando duas horas para que lhe fosse entregue um cheque que estava pronto sobre a mesa de um diretor. Ao entregá-lo a secretária lhe disse: "O cheque está pronto há muito tempo. É que o meu diretor gosta de deixar as pessoas esperando para se fazer de importante". Um agente de viagens me contou que há clientes que fazem absoluta questão de se sentar no primeiro assento do avião, pois acham que isso é questão de status. Numa oficina, um mecânico me disse que o Dr. Fulano não aceita esperar um minuto sequer. A mesma coisa ouvi de um frentista de posto de gasolina: "Aquela mulher não suporta esperar que atendamos outra pessoa em sua frente. Ela quer que a gente pare de atender a outra pessoa para atendê-la". *Maitres* e garçons ficam abismados de ver que há clientes que não vão ao restaurante se a "sua" mesa estiver ocupada.

Uns assistem uma palestra sobre vinhos e se acham os maiores especialistas em enologia, ensinando o *sommelier*. Outros fazem questão absoluta de serem atendidos pelo dono do restaurante e não por garçons. Alguns não admitem que seu "carrão" vá para o estacionamento. Exigem que ele fique estacionado defronte ao restaurante – mesmo que não haja vagas. Tal hóspede só fica na suíte 206. "Se ela estiver ocupada ele fica uma fera", disse-me o gerente do hotel... "O presidente só toma café nesta xícara", confidenciou-me a copeira da empresa. "Quando a anterior quebrou, não encontramos no Brasil. Daí um diretor trouxe outra igual da França.". Esta lista de exigências não teria fim se quiséssemos esgotá-la. Por que certas pessoas sentem tanto desejo e mesmo necessidade de status?

Alain de Botton, um filósofo contemporâneo, estuda esse desejo tão exacerbado, nos dias atuais, em seu livro que leva o nome desta mensagem: *Desejo de Status* (Editora Rocco, 2004). O autor analisa o "esnobismo" contemporâneo como forma de vencer o anonimato e a falta de conteúdo das pessoas neste mundo de aparências em que vivemos. Vale a pena ler.

O mundo já está complicado demais para que as pessoas ainda vivam buscando status. Pessoas esnobes, desejosas de deferências e rapapés parecem não compreender que estamos no século XXI. Fico impressionado ao ouvir relatos de pessoas que fazem exigências absurdas, desejam atendimentos especiais, mesas únicas. Geralmente, são pessoas de origem humilde que necessitam dessas exigências e até da arrogância, para mostrar a sua importância, já que elas próprias se dão pouca importância, dizem os psicólogos e filósofos que tratam do assunto.

Veja se você não está sendo vítima de um desejo exagerado de status e fazendo exigências descabidas de serviços e atenções, tornando-se arrogante e esnobe. Faça uma autoanálise antes de cair no ridículo e ser motivo de chaco-

ética, virtudes e valores

ta das pessoas que lhe atendem e servem, mas riem de sua insegurança assim que você deixa o ambiente, crente que está abafando.

O que fazem as pessoas comprometidas?

Quando perguntamos a qualquer empresário, presidente, diretor, gerente, supervisor, chefe, o que ele mais deseja de seus colaboradores, a resposta é imediata: "Gostaria que eles fossem mais comprometidos". Quando perguntamos a amigos, professores, pais, filhos, membros de clubes e associações, o que eles mais sentem falta nas pessoas de seu relacionamento, a resposta é a mesma. "Gostaria que as pessoas fossem mais comprometidas". Mas, afinal, o que é, de fato, ser uma pessoa comprometida?

Veja 10 coisas que nos disseram:

1. Uma pessoa comprometida procura sempre colocar-se no lugar das outras; sentir o que as outras sentem;

2. Uma pessoa comprometida faz tudo com atenção aos detalhes. Ela presta atenção em tudo o que faz no detalhe do detalhe;

3. Uma pessoa comprometida termina o que começa e não deixa as coisas pela metade;

4. Uma pessoa comprometida vem com soluções e não com mais problemas quando tem uma tarefa a cumprir;

5. Uma pessoa comprometida pergunta o que não sabe e demonstra vontade de aprender. Vai fundo até dominar o que não sabe e deveria saber;

ética, virtudes e valores

6. Uma pessoa comprometida cumpre prazos e horários;

7. Uma pessoa comprometida não vive dando desculpas por seus atos e nem procura culpados pelos erros cometidos;

8. Uma pessoa comprometida não vive reclamando da vida e falando mal das pessoas. Ela age para modificar a realidade;

9. Uma pessoa comprometida não desiste facilmente. Ela não descansa enquanto não resolver um problema. Ela vai atrás da solução;

10. Uma pessoa comprometida está sempre pronta a colaborar com as outras. Ela participa. Dá ideias. Você pode contar com ela.

Pense se as pessoas avaliam você como uma pessoa verdadeiramente comprometida. Comprometa-se!

Os "muito ocupados"

Heike Bruch, professor de liderança da *University of St. Gallen*, na Suíça e Sumantra Ghoshal, professor de estratégia e gerência internacional na *London Business School*, Londres, estudaram, durante dez anos, o comportamento de gerentes "muito ocupados" em quase doze grandes empresas, incluindo Sony, LG Electronics, Lufthansa e outras. [1]

Pasmem! Nada menos que 90% dos gerentes gastam seu tempo em toda sorte de atividades com baixo valor ou eficácia. Em outras palavras, somente 10% dos gerentes ocupam seu tempo em atividades comprometidas, de real valor para a empresa. Assim, os autores alertam para a diferença entre gerentes (chefes, executivos, supervisores) que realmente contribuem para o crescimento e desenvolvimento da empresa e os que "se fazem parecer muito ocupados" e quase nada contribuem efetivamente.

Um chefe, gerente, diretor, eficaz, deve ter duas coisas fundamentais, dizem os autores – **foco e energia**. E a partir dessa premissa, constatam haver quatro tipos de gestores:

1. Os que deixam tudo para depois. São os que **não têm foco nem energia**; tudo fica por conta do

---

1 Veja resumo de sua pesquisa em artigo na Harvard Business Review *"Beware the Busy Manager"* – Fevereiro 2002 – p. 62-6

ética, virtudes e valores

tempo e do "Deus dará" como dizemos. São os procrastinadores. Os que não assumem, não se comprometem. Segundo o estudo, esse tipo chega a 30% dos pesquisados;

2. Mais ou menos 20% dos gerentes estudados **têm um foco alto e uma energia baixa**. São os "cansados". Os que não lutam pelos seus propósitos. Eles sabem o que querem e devem fazer, mas falta-lhes a força para fazer, para implementar. Não são realmente engajados no desenvolvimento da empresa, desistem logo, acomodam-se frente a qualquer desafio maior;

3. O maior grupo – mais de 40% dos gerentes estudados – são os que têm uma **energia alta e foco baixo**. São ativistas. Fazem, fazem, correm, correm, mas não sabem direito para onde estão correndo nem se o que estão fazendo os está levando a algum lugar. Sentem uma desesperada necessidade de estar fazendo alguma coisa o tempo todo. Ocupam-se de tarefas que não lhes é pertinente. Centralizam tudo para sentirem-se ocupados e ativos;

4. Somente 10% dos pesquisados entraram na categoria ideal – **foco alto, bem definido e energia elevada**. Esses são aqueles chefes, gerentes, dirigentes que realmente fazem a diferença pois, além de saberem exatamente aonde querem chegar, têm a necessária energia para fazer, implementar, acompanhar, motivar pessoas. São os que pensam, questionam, planejam, fazem acontecer, estimulam

colaboradores, mostram a direção certa, motivam, lideram, os realmente comprometidos.

Encontramos em todas as empresas estes quatro tipos de dirigentes. A análise do quadrante **Foco/Energia** parece ser uma ótima ferramenta para a avaliação do quadro de gestores de uma empresa. Num mundo competitivo como o que estamos vivendo, é fácil um gerente cair na armadilha do ativismo. Trabalhar longas horas, exigir relatórios, criar burocracias desnecessárias, centralizar decisões além da necessidade, podem dar ao gerente uma sensação de competência e de estar passando uma imagem de comprometido para seus superiores. Desconfiar, pois, dos gerentes "muito ocupados" é um desafio que precisa ser enfrentado nas empresas. Dirigentes têm que ter tempo para questionar, pensar, planejar, inovar, liderar, motivar seus subordinados à ação eficaz, que realmente leve a empresa ao sucesso.

O procrastinador, aquele que deixa tudo para depois, que empurra com a barriga é mais fácil de ser detectado. Muitas vezes, a sua atitude de indecisão permanente é justificada pelas incertezas do mercado. A procrastinação pode até vir fantasiada de prudência, mas ela, certamente é vista hoje, com certa facilidade, como algo negativo.

ética, virtudes e valores

Também não é uma tarefa difícil na avaliação de dirigentes, a detecção dos desengajados. Eles sabem bem o que deve ser feito e até o como fazer. Mas falta-lhes o "pique", o "drive" para fazer as coisas acontecerem. Falta-lhes a energia para lutar. Esse tipo de dirigente muitas vezes se justifica, dizendo-se cansado de lutar contra os que não compreendem suas posições. Muitas vezes usam a expressão: "cansei de brigar para trabalhar" e parecem ter realmente desistido. Esse tipo, acomodado, é muito perigoso para a empresa porque ele não é mau em si. Quando discursa, fala, expõe seus pontos de vista, são capazes de convencer pela coerência de seus argumentos. Isso ocorre porque eles têm foco. Sabem o que fazer e como fazer. Mas na hora de implementar, são fracos de vontade. Desistem frente a qualquer obstáculo e muitas vezes se fazem de vítimas.

O que a pesquisa realmente nos traz de assustador é justamente o fato de que somente 10% dos gerentes puderam ser classificados como "comprometidos", empreendedores etc. Eis aqui um grande desafio para a empresa. Como competir e vencer com esse quadro? O que fazer para mudar esses 90% dos quadrantes onde estão para o quadrante do comprometimento?

E a nós, resta-nos fazer uma autoanálise. Nesse quadrante – **foco e energia** – onde nos encontramos? Que tipo de dirigentes somos nós? Temos tido foco e energia elevados para fazer a diferença no mundo de hoje?

Os que não fazem e não deixam fazer

Há pessoas que não fazem e não deixam que os outros façam. Tudo elas criticam, acham erros, em tudo colocam obstáculos. Não conte com elas. Elas não colaboram, e o que é pior, fazem tudo para que as coisas não aconteçam.

Conheço administradores, públicos e da iniciativa privada, que têm como característica principal não fazer e não deixar fazer. Colocam dificuldades, empecilhos, motivos esdrúxulos, enfim, toda forma de desculpa para não fazer e impedir os que querem fazer de agir. São administradores paralisados e paralisantes. Tudo impedem, tudo acham melhor esperar, tudo postergam, para tudo pedem muito cuidado.

Não sei se pelo medo de enfrentar as consequências que qualquer ação com certeza traz ou por pura preguiça, esses gestores são enormes focos de desalento entre os colaboradores e acabam gerando um clima geral de desmotivação na organização, seja ela pública ou privada. Sua inércia se espalha como um vírus e o "não fazer" fica sendo a regra geral.

A maioria desses administradores que estudei tem em comum querer fugir de qualquer responsabilidade ou comprometimento. Eles passam semanas e meses analisando exaustivamente uma situação e nunca decidem, a não ser por

ética, virtudes e valores

não fazer, não permitir, não comprar, deixar como está. Como eles não se envolvem com a ação e têm consciência disso, impedem que outros ajam, com medo de que as ações deem certo e quem as fez apareça, seja elogiado, prestigiado e considerado melhor que eles. Esses administradores não correm riscos porque são medrosos e até covardes, e querem apenas manter seus cargos, funções e privilégios intactos. Não fazendo e não deixando fazer, tudo fica como está e a culpa será sempre de alguém externo – a crise, a lei, o mercado, os concorrentes, o Ministério Público etc.

Só não erra, quem não faz. E essas pessoas, com medo da crítica, com o seu eterno ficar em cima do muro, preferem o conforto de uma gestão medíocre a um protagonismo dos verdadeiros líderes, que os empurra para a ação, para o testar, para o permitir, para o acreditar, para o sim em vez do não; enfim, para o fazer consciente e consequente que sabe que toda unanimidade é burra e que sempre haverá riscos para aquele que faz e permite o fazer.

Quem tem medo de ser "certinho"?

Pesquisa realizada pela *Interscience* e apresentada durante o 1º Congresso Brasileiro de Pesquisa (março 2003) nos mostra que o brasileiro tem valores fortes que nem sempre compreendemos (ver quadro).

O que a população mais valoriza?

- 78% – Honestidade
- 77% – Verdade
- 72% – Confiança
- 72% – Respeito ao outro
- 70% – Solidariedade
- 69% – Diálogo
- 67% – Empresas éticas e honestas
- 66% – Limpeza em todos os lugares
- 65% – Bem-estar, saúde física e mental

Fonte: *Interscience – in* Meio & Mensagem 29/3/2004

ética, virtudes e valores

Será realmente verdade que o brasileiro valoriza **honestidade, verdade, confiança, respeito ao outro, limpeza em todos os lugares**, por exemplo?

Como antropólogo, tenho sido chamado a dar uma explicação para esse fenômeno. Os valores revelados pela pesquisa não condizem com a realidade percebida por nós no cotidiano. Por quê? Estará a pesquisa errada?

Em minha opinião a pesquisa está corretíssima!

A explicação é, ao mesmo tempo, simples e complexa; e exige um pouco de reflexão sobre o Brasil e a cultura brasileira.

É preciso que saibamos que nós, brasileiros, não temos os quatro séculos de tradição escrita de Gutenberg, o inventor da imprensa no século XV. O brasileiro – eu sempre tentei explicar isso a alunos e clientes – é **oral** e **auditivo**. Sem a tradição escrita que a Europa e, por história de colonização, os Estados Unidos possuem, mantivemo-nos "tribais" (no sentido de uma civilização oral e não visual). Mário de Andrade dizia que "o escritor brasileiro fala com a pena na mão".

As civilizações letradas pela imprensa de Gutenberg criaram o indivíduo e o individualismo como valor. É preciso lembrar que quando as palavras são escritas elas se tornam parte do mundo visual, estático. A palavra oral é sempre dirigida ao outro. Assim, para ler, eu tenho que me isolar. Para falar e ouvir, tenho que me reunir com alguém. É importante lembrar que a Reforma Protestante só foi possível graças à imprensa de Gutenberg – que criou a ética Calvinista, o nacionalismo e tornou estáticas as línguas neolatinas, por exemplo. O próprio Renascimento só foi possível pelo advento da imprensa.

Assim, nas sociedades visuais, o **indivíduo** tem força

Luiz Marins

perante o grupo. Nas sociedades orais e auditivas a força do grupo sobre o indivíduo é tão forte que podemos classificá-la, sem exagero, de quase insuperável. Sem o grupo o indivíduo é socialmente inexistente nas sociedades orais.

E a psicologia dos grupos (ou das massas) explica comportamentos grupais que são completamente diferentes dos desejados por cada indivíduo do grupo. Tive um professor nos Estados Unidos que me dizia: "Um brasileiro é um gênio comportado! Dois brasileiros, dois gênios comportados! Três brasileiros formam um 'bando' selvagem! Por quê?", perguntava ele indignado, pois que vários grupos de alunos brasileiros quando se juntavam tinham como "brincadeira" preferida, disparar o alarme de incêndio da universidade, esvaziar pneus dos carros dos professores etc., coisas que individualmente condenavam.

Assim, a força do grupo sufoca os valores individuais no Brasil.

Quem busca fazer as coisas de forma certa, correta, ética, é logo acusado de certinho ou certinha e ridicularizado pelo grupo. Alunos que estudam muito são chamados de cdf. Funcionários que atendem prontamente pedidos de clientes ou dos patrões são logo classificados de puxa-sacos. Quem paga impostos é considerado bobo ou ingênuo. Quem joga papel na lixeira é considerado o ecológico, e é alvo das famosas gozações dos colegas.

Portanto, os valores individuais pesquisados são mesmo os revelados pela pesquisa. Por isso, ficamos indignados com a sujeira e quando vemos um lugar limpo e bem cuidado dizemos "Que coisa linda! Nem parece o Brasil!"

ética, virtudes e valores

"Eu não jogo papel no lixo porque ninguém joga papel no lixo! Quando todo mundo jogar papel no lixo eu também jogarei papel no lixo. Eu não jogo porque ninguém joga e eu não quero dar uma de herói e babaca..." etc., etc.

Veja, pois, o leitor, que ser herói no Brasil é errado e não certo! Você só pode ser "herói grupal" e não "herói individual!", porque tem que ter a aprovação do grupo.

E com esse impedimento de manifestar seus valores individuais, o brasileiro é complacente com o erro, com a desídia para não ofender o grupo. E essa complacência reforça nossos comportamentos contrários a nossos valores individuais. Dou um exemplo: você, como aluno, passou o fim de semana todo estudando para a prova da segunda-feira. Seu colega não estudou. Pelo contrário, foi ao jogo, ao cinema e ainda debochou de você e o chamou de certinho por perder um final de semana estudando. Chega a hora da prova. O seu colega (que não estudou) pede para você lhe ensinar as respostas que ele, por não ter estudado, não sabe.

Qual o seu comportamento e da maioria de nós, brasileiros? Chama o professor e denuncia a tentativa do colega de pedir a resposta? Diz a ele – "você não estudou, agora tire nota baixa e assuma seus atos!?"

Não! O que todos fazemos é passar as respostas ao colega relapso. E em seguida quase morremos de raiva e indignação ao vermos que a nota dele foi igual à nossa.. Qual será nosso comportamento na próxima prova? É claro que será o de não perder o final de semana e preparar uma boa "cola"..

Da mesma forma é a desmotivadora atitude de patrões, chefes, gerentes e supervisores que vêm a desídia e fingem

Luiz Marins

não a enxergar. Convivem com o descomprometimento de seus subordinados, não exigem o cumprimento dos prazos e metas solenemente prometidos. *"Quem poupa os maus ofende os bons"*, diz um ditado latino. Qual a vantagem em ser bom, perguntou-me um funcionário. No final todos ganham e quem faz certo é sempre o mais prejudicado! E o que dizer das famosas anistias fiscais?. Trata-se de um verdadeiro escárnio para quem pagou em dia os impostos ver os que não pagaram sendo anistiados.

Justamente porque os valores individuais do brasileiro são fortes é que ficamos tão indignados com a corrupção, com a falta de ética e com a sujeira, por exemplo. E essa indignação individual só antecede a nossa consciência de total incapacidade de denunciar os outros, de ofender o grupo – mesmo desconhecido. Essa sensação ou certeza da impunidade pela força dos grupos é tão grande que nos sentimos totalmente impotentes e desmotivados para fazer o certo.

Se quisermos mudar essa realidade e ter o direito de manifestar e de viver os nossos valores individuais no Brasil, teremos que fazer uma verdadeira cruzada, tão difícil quanto necessária.

Mas é preciso que acreditemos que quando o ambiente permite que esses valores sejam manifestados, o brasileiro sente-se feliz e orgulhoso. Um exemplo é o Metrô de São Paulo. Há 30 anos ele é orgulhosamente mantido pela mesma população que destrói os orelhões, quebra os bancos das praças e picha os muros da cidade. Por quê?

Simplesmente porque o Metrô conseguiu criar um ambiente onde o valor "lugares limpos e bem cuidados" pudesse

ética, virtudes e valores

ser manifestado todos os dias. Não há nada quebrado, nada sujo. O quebrado é imediatamente retirado. A sujeira imediatamente limpa. E todo brasileiro se orgulha do Metrô de São Paulo!

E para poder vencer a força do grupo, o brasileiro precisa criar uma entidade mítica, que os antropólogos tão bem conhecem. Algum **ser superior**, mítico, que diga o que é certo e errado.

Isso explica o porquê de todo brasileiro que trabalha numa multinacional usar o crachá, o uniforme, manter limpos os ambientes, cumprir rigidamente as regras de segurança e de respeito ao meio ambiente etc. Por que só fazem isso numa multinacional?

Porque existe um ser **estrangeiro** – um quase deus, mítico – que nos dá as regras, nos obriga, e todos fazemos, felizes, o que, de fato, gostaríamos de fazer em todos os lugares, todos os dias. E aí o grupo local não tem voz, nem vez. O **deus** mandou fazer assim... e ele sabe o que é certo!

E o que é mais importante: esse deus não é complacente com o erro. Se o desobedecermos, iremos para o inferno (do desemprego). Podem reparar os leitores, que toda a ordem numa multinacional é referida impessoalmente como "a matriz"; "os homens de lá...", reforçando a dicotomia terrivelmente brasileira de que "lá fora" tudo é bom e "aqui dentro" tudo ruim. "Lá fora as coisas funcionam..." lamenta o brasileiro.

Na verdade, do ponto de vista de um antropólogo, queremos um deus de lá de fora que venha nos salvar das barbáries do aqui de dentro. Esse deus é a matriz.

O que fazer?

Luiz Marins

Minha sugestão é a de que passemos a criar, em nossas famílias, em nossas escolas, em nossas empresas, ambientes que permitam a manifestação dos nossos valores individuais. Para isso, temos que punir a impunidade. Valorizar o valor. Dar crédito aos críveis. Referendar o certo e repreender severamente o erro. É preciso dar ao brasileiro o direito de ser "certo" ou "certa". Eis aí uma tarefa para cada um de nós – pais, professores, empresários, políticos, líderes em geral. Acredite: os valores do homem brasileiro são os revelados pela pesquisa. Nossa tarefa como indivíduos, como povo e como nação é a de permitir que eles sejam manifestados sem constrangimento.

E aí teremos o País que tanto sonhamos. E aí seremos felizes e orgulhosos do Brasil.

Respeito nunca é demais!

Todos nós precisamos tomar muito cuidado para que a proximidade, a amizade e o longo tempo de convivência não levem à falta de respeito com aqueles com quem convivemos.

Vejo pessoas que após um tempo de convivência perdem o respeito. Vejo casais que, dizendo ser por pura brincadeira, falam mal ou contam segredos íntimos de seus cônjuges em situações sociais, gerando um grande constrangimento, mesmo entre amigos. Vejo colegas de trabalho que perderam o respeito entre si, fazendo brincadeiras pouco apropriadas a um ambiente profissional; e colaboradores que não atendem aos pedidos de seus colegas em assuntos de importância para o trabalho. Vejo subordinados e chefes que não se respeitam, dirigindo-se uns aos outros de forma rude e grosseira. Vejo subordinados que não atendem os pedidos de seus chefes com a mesma presteza que o faziam quando começaram a trabalhar, deixando para fazer muito tempo depois da solicitação, não conferindo informações, deixando-se levar pelo piloto automático, símbolo moderno do desrespeito.

Todos nós já passamos pela experiência de ligar para uma empresa de quem compramos algum produto e serviço e sermos mal atendidos. Na hora de nos conquistar como clientes, o respeito é total e absoluto. No momento em que compramos e nos tornamos efetivamente clientes, o respeito desaparece. Assim, na empresa, o mesmo acontece com clientes e fornecedores. Vejo empresas que perderam o respeito com seus antigos clientes e mesmo fornecedores de produtos e serviços: não os informam, não retornam suas ligações, não os recebem. Com o tempo, é claro, perderão esses valiosos clientes e fornecedores.

É preciso não confundir polidez, educação, com falta de respeito. Conheço chefes que me dizem ter deixado de se mostrar amigos de seus subordinados porque eles se tornaram desrespeitosos e passaram a não atender suas orientações. Conheço subordinados que reclamam que seus chefes confundem atenção, polidez com ausência de respeito. É preciso, pois, tomar cuidado e nunca perder o respeito em relação a qualquer pessoa. Respeito, nunca é demais.

Se você "se acha", cuidado!

Pessoas que "se acham" são aquelas que não cabem em si de tanta vaidade. Ouvi dizer de uma dessas pessoas que disse: "Eu não só me acho. Eu me tenho certeza!". São pessoas que perderam a noção do ridículo e vivem exigindo que outras as sirvam como súditos de um tempo que não existe mais.

Pessoas que "se acham" são aquelas que se desprenderam da realidade; perderam qualquer noção de humildade. E é bom lembrar que a palavra humildade tem sua origem em *húmus* (terra) e que, portanto, uma pessoa humilde é aquela que tem os pés no chão e sabe que ninguém chega ao pódio sozinho. Pessoas arrogantes e petulantes parecem acreditar poder vencer por si mesmas, sem a ajuda de ninguém. Daí o fato desse tipo de gente ser sempre ingrata, incapaz de agradecer.

A verdade é que essas pessoas quase sempre acabam solitárias, abandonadas. Não há quem suporte viver ao lado de quem não diz sequer um muito obrigado! Não há quem suporte viver ao lado de quem vivem olhando para um espelho e se admirando o tempo todo. Não há quem suporte viver ao lado de pessoas que só falam de si e que exigem que seus desejos sejam atendidos, sem qualquer consideração às dificuldades alheias.

Indivíduos arrogantes são malcriados, sem educação, sem polidez. Não possuem nenhum grau de empatia. São incapazes de se colocar no lugar de outras pessoas e sentir o que elas sentem. Para elas, todo mundo é ignorante, preguiçoso, dotados de má vontade. Dirigem palavras duras e rudes, principalmente aos mais simples, a quem não demonstram o menor respeito e consideração.

Olhe no espelho e se pergunte: será que eu também não estou "me achando"? Será que não serei eu aquela pessoa que disse "não só me acho, como me tenho certeza"? Será que não estou com problemas de relacionamento na vida pessoal e profissional, em casa, no emprego exatamente por causa de meus arroubos de arrogância? Procuro nutrir um genuíno sentimento de gratidão às pessoas, desde as mais simples?

Será que vale a pena ser honesto?

Quando assistimos muitos relatos de desonestidade, corrupção, descumprimento da lei, e pessoas desonestas e corruptas em funções de destaque na sociedade podemos correr o risco de colocar em dúvida a honestidade como valor. Será que vale a pena ser honesto?

Essa dúvida nos assalta a mente, principalmente depois de um dia estafante de trabalho. Levantamos cedo, trabalhamos o dia todo, a semana toda, o mês todo. Não temos um salário milionário, nem outra forma de ganho que não seja o fruto de nosso duro trabalho. Ao mesmo tempo, vemos que a desonestidade, a corrupção, o descumprimento da lei parecem ser coisas "normais" para outras pessoas e até autoridades. Vale a pena ser honesto?

Nestas horas é preciso pensar ainda mais, raciocinar ainda mais, analisar ainda mais sobre o que é a felicidade e quais são os valores que realmente valem a pena para um ser humano.

Na sociedade moderna o dinheiro, os bens materiais, o status acabaram sendo os principais valores. Para conquistá-los o homem moderno não mede consequências. O que vale é ter um carrão, uma bolsa de grife, uma mansão. Os valores morais, éticos parecem ter sido esquecidos definitivamente.

A pergunta que temos que fazer é se tudo isso tem feito o ser humano mais feliz. Se a violência entre os homens diminuiu. E a resposta parece ser evidente: o homem não é mais feliz quando faz da vida material o seu objetivo maior. Assim, é hora de repensar nossos valores e voltar a dar peso aos princípios morais mais elevados de honestidade, ética, respeito ao outro, polidez, humildade, lealdade, paciência etc. Milhares de anos de filosofia, e mesmo as religiões todas provam, que são esses valores que realmente tornam o homem verdadeiramente feliz. Portanto, acredite, vale a pena ser honesto!

Sucesso alicerçado em valores e ética

Os mais renomados autores sobre gestão empresarial concordam que só pode haver sucesso duradouro para pessoas e empresas quando esse sucesso é alicerçado em valores e princípios elevados. Eles têm como base virtudes que são a marca dos grandes líderes e pessoas de sucesso. Assim falou Peter Drucker, e nos ensinam também Jim Collins, Warren Bennis e tantos outros. Mas quais serão esses valores e essas virtudes que alicerçam o sucesso?

A palavra cardeal vem de *cardo, cardinis* que em latim significa eixo, dobradiça. Assim as virtudes cardeais são aquelas em torno das quais todas as demais giram. As quatro virtudes cardeais são: Prudência, Justiça, Fortaleza e a Temperança.

A **Prudência** dispõe a razão para discernir, em todas as circunstâncias, o que é certo e deve ser feito, e a escolher os meios justos para atingir objetivos. A **Justiça** é a virtude que nos dá uma constante e firme vontade de dar aos outros o que lhes é devido. A **Fortaleza ou Força** nos assegura a firmeza nas dificuldades e o domínio da vontade e a constância na procura do bem. A **Temperança ou Moderação** nos proporciona o equilíbrio em nossas ações. Pode reparar que os grandes líderes e pessoas de sucesso duradouro pautam sua vida com base nessas virtudes e em outras que são consequências destas.

Há, portanto, além das chamadas cardeais, um conjunto de virtudes que moldam o caráter e nos indicam uma pessoa de sucesso: a ética é uma delas e das mais importantes. Há também a paciência, a generosidade, a perseverança, a lealdade, a amizade, a sinceridade, o respeito, a ordem, a paciência, a sobriedade, a gratidão, a empatia, a simplicidade e a humildade. Preste atenção e verá que pessoas de sucesso, em qualquer profissão ou atividade, das mais simples às mais complexas, são aquelas cujos comportamentos são fundamentados em valores éticos e morais e princípios elevados, e nas virtudes que descrevemos acima. A ética é a moral na prática do dia a dia. São os valores e as virtudes concretizados nas ações pessoais e profissionais de cada um.

E virtude é um hábito. E um hábito se constrói pela repetição. Assim, para ser ético é preciso praticar a ética. Para ser paciente é preciso praticar a paciência. Para ser leal é preciso praticar a lealdade. Para ser simples é preciso praticar a simplicidade. Para ser humilde é preciso praticar a humildade; e assim por diante. E Peter Drucker, assim como Jim Collins, afirmam que a maior virtude dos grandes líderes empresariais é a humildade, seguida pela gratidão. Pessoas de sucesso sabem que ninguém chega ao topo sozinho, e isso as faz humildes e agradecidas aos que as ajudaram a chegar onde estão.

Faça uma autoavaliação: como está a sua prática da ética e das virtudes que levarão você a um sucesso duradouro? Quais são os seus valores? Como anda sua ética?

Você joga pelo time ou por você?

Há uma sutil, mas muito importante, diferença entre grupo, equipe e time. Grupo é um conjunto de pessoas. Equipe é um conjunto de pessoas que realizam uma tarefa. Já, time, é um conjunto de atletas trabalhando em com o mesmo objetivo: vencer um desafio ou um jogo contra um adversário. É por isso que precisamos, em nossa empresa, de pessoas que formem um time e não simplesmente um grupo ou uma equipe.

Num time todas as pessoas devem conhecer as regras do jogo, mas elas têm que ser diferentes, ter habilidades diferentes, e o líder deve convocar os mais capacitados para cada posição ou função. Num time há posições de maior destaque público, de maior evidência. Mas, tão importantes quanto as que se encontram no ataque, na frente, são aquelas que defendem, preparam as jogadas, de forma muitas vezes quase anônima, aparecendo pouco. Porém, sem essas pessoas, o time não vencerá. Todos nós sabemos disso quando se trata de qualquer esporte. Mas, e na empresa? Somos um grupo, uma equipe ou um time?

Participar de um time exige um enorme equilíbrio e uma autoestima elevada. Depois de você ter driblado sozinho nove jogadores do time adversário, ao chegar próximo ao gol um jogador da defesa adversária impede o seu caminho. Você

Luiz Marins

olha para o lado e vê um companheiro seu que não correu, não driblou ninguém, ficou na sombra. Você passa a bola para esse companheiro, ele dá um simples tapa na bola e marca o gol! Ele é o artilheiro, ele é quem a televisão irá entrevistar e ele diz na entrevista: "não é fácil...". E você? E você que fez todo o trabalho e colocou a bola nos pés de seu companheiro? Você, provavelmente, receberá apenas um sinal de positivo com o polegar desse seu companheiro. Não é fácil. Isso é time! Time sou eu ser capaz de passar a bola para um companheiro que esteja mais bem colocado, para que o time (a empresa) marque o gol, e não eu!

Você é capaz disso? Ou você é aquela pessoa que perde a bola em vez de passar para alguém mais bem colocado, e ao ouvir a reclamação diz: "não vi você".

Assuma, de fato, a sua função

Muita gente quer cargos de chefia. Não faltam candidatos a diretores, gerentes, supervisores. O problema é que, muitos deles, ao serem nomeados não assumem, de fato, as suas funções. Continuam pensando e agindo como subordinados. Querem os benefícios e as benesses do cargo, mas não assumem as responsabilidades que a função exige.

Muitos chefes (diretores, gerentes, supervisores) continuam tímidos na sua função de liderar pessoas e exigir delas o cumprimento de objetivos e metas. Ficam esperando que alguém assuma o que cabe somente a eles assumir: a difícil e nem sempre agradável tarefa de comandar.

Muitos chefes são fortes e presentes nos momentos agradáveis, nos momentos fáceis da vida empresarial. Basta chegar uma crise e o céu se torna mais turvo para que eles se mostrem fracos, sem pulso, sem ação. E essa é uma triste realidade de muitas empresas. O número de pessoas em cargos de chefia que não assumem total responsabilidade pela gestão de suas áreas é hoje tão grande, que já existem cursos específicos de comando e liderança para os atuais detentores de cargos de direção, gerência e supervisão.

Há ainda os que confundem a sua posição de chefia com um democratismo caótico, tornando-se verdadeiros reféns de seus subordinados. É claro que não há mais lugar para chefes despóticos no mundo de hoje, mas há que se exigir resultados e comprometimento mesmo quando essa exigência se torna pouco popular entre os funcionários. É o chefe-líder quem deve definir o objetivo, mostrar o caminho, motivar a caminhada e fazer com que todos se sintam vencedores ao chegar. E tudo isso ouvindo seus subordinados, mas não abdicando de sua função de decidir quando a decisão se torna necessária ou inadiável.

Você que tem um cargo ou função de chefia, de qualquer nível, faça uma reflexão e veja se você realmente abraçou a sua função, ou se fica esperando que alguém assumas as decisões e as consequências que cabem só a você.

Invista em você!

Num tempo de mudanças, como o que estamos vivendo, o maior risco que corremos é o de ficarmos para trás, de nos fossilizarmos, de ficarmos atrasados com a tecnologia, com novos processos que surgem a cada dia no setor em que trabalhamos.

Conheço muita gente que fica esperando que a empresa ou que outras pessoas lhes forneçam os meios para que aprendam mais, para que cresçam mais. Isso é um grande erro. Outro dia mesmo, numa multinacional de origem americana, havia um supervisor sendo cogitado para ser promovido a gerente. Quando lhe perguntaram se falava inglês, ele respondeu: "Esse é o meu problema. Eu não sei falar inglês". E, é claro, não foi promovido. Ele veio conversar comigo e eu lhe perguntei há quantos anos trabalhava naquela empresa americana. Ele respondeu: "15 anos" e emendou "justo agora que aparece essa minha grande chance, eu fui preterido só porque não falo inglês". Eu não tive outra reação a não ser dizer a ele o seguinte: **"Você trabalha há 15 anos numa empresa multinacional americana e nunca se interessou em aprender inglês?"** Ele respondeu: "Fiquei esperando que a empresa me fornecesse um curso de inglês e o tempo foi passando...".

Ninguém investe em pessoas que não investem em si próprias em primeiro lugar. Ninguém gasta vela com mau

Luiz Marins

defunto, como diriam os antigos. Quem tem a primeira obrigação de aprender sobre o que fazemos, ou de nos aperfeiçoarmos, somos nós próprios. Por menos recursos que tenhamos, é preciso que disponibilizemos dinheiro, tempo e energia para nos aprimorarmos fazendo cursos, aprendendo, nos interessando pelas coisas que fazemos e por novas tecnologias. Se você trabalha em uma empresa que produz ou vende cerveja, trate de saber a diferença entre *Pilsen*, *Bock*, *Lagger* e outros tipos de cerveja. Se você trabalha numa empresa que produz ou vende papel, saiba os vários tipos de papel existentes no mercado mundial e quais os seus usos, e assim por diante. Vá numa biblioteca, pergunte, consulte a wikipedia e sites de referência do setor, se interesse, envolva-se com aquilo que faz. Invista em você em primeiro lugar.

Você é responsável pelo que joga dentro de você

Nós somos os únicos responsáveis pelas coisas que jogamos dentro de nós. Se não somos totalmente responsáveis, pelo menos, temos o controle da grande maioria das coisas que comemos, lemos, assistimos, ouvimos e tocamos.

Assim, temos que assumir o controle do que permitimos entrar em nós pelos nossos sentidos. Se não assumirmos esse controle, outras pessoas assumirão, e aí perderemos o domínio de nós próprios.

Temos que controlar o que comemos. O sábio não é que come mais. É o que come melhor, com mais sabedoria. É o que não se enche de comida de má qualidade, sem pensar no que está ingerindo.

Temos que controlar o que bebemos. O sábio não é o que bebe qualquer coisa em grande quantidade. É o que sabe o que beber, como beber, quando beber. É o que sabe o valor dos líquidos para a nossa saúde e seleciona o que bebe.

Temos que controlar o que lemos. O sábio não lê qualquer coisa. Não se permite encher sua cabeça com informação que não o conduzirá à maior sabedoria ou ao sucesso ou ao crescimento pessoal, espiritual, intelectual. Assim, temos que selecionar os jornais, as revistas e os livros que lemos.

Se lermos notícias ruins, revistas de péssimo conteúdo e livros que nada nos agregam, a culpa será nossa de termos uma vida de baixa qualidade intelectual e espiritual. Temos que controlar o que vemos. Se ficarmos defronte ao televisor assistindo programas de baixa qualidade, nos tornaremos a cada dia piores, sem conteúdo, terminaremos o dia piores do que começamos, não nos sentiremos crescendo, nem pessoal, nem profissionalmente. O nosso intelecto e o nosso espírito nada terão ganho. Apenas perdemos um tempo irrecuperável e ainda nos prejudicamos, enchendo a nossa mente de coisas de baixo valor.

Temos que controlar com quem conversamos. Se somente conversarmos com pessoas sem conteúdo, sem valores morais e éticos, é claro que seremos influenciados por elas e andaremos para trás em nossa qualidade de vida.

O mundo de hoje nos oferece muitas opções. Cabe a nós decidir o fazer, o que usar, o que permitir que seja jogado dentro de nós. Temos a liberdade de fazer as escolhas certas ou erradas. Só cabe a nós. A decisão, a responsabilidade e as consequências serão só nossas. Portanto, pense no que você está jogando dentro de você.

Saber é uma coisa.
Fazer é outra!

A verdade é que quase sempre "sabemos" o que devemos fazer. Se eu quero emagrecer, provavelmente não precise ler nenhum livro a mais sobre como emagrecer. **Saber é uma coisa. Fazer é outra!** Ninguém precisa assistir a mais uma palestra sobre os males do sedentarismo. Todos sabemos que devemos caminhar trinta minutos por dia ou fazer outro tipo qualquer de exercício. Mas, saber é uma coisa. Fazer é outra! Se eu quero ser promovido no meu trabalho, provavelmente eu saiba exatamente o que deva fazer, onde e como deva me dedicar mais. Saber é uma coisa. Fazer é outra! Se eu quero que minha empresa seja reconhecida como a melhor no setor pelos clientes atuais, provavelmente eu saiba o que tenha que mudar, o que tenha que ser melhorado. Mas...saber é uma coisa. Fazer é outra!

E assim, em quase tudo na vida não nos tem faltado conhecimento ou acesso a ele. O que falta é vontade, determinação e disciplina para fazer.

Vejo empresários, executivos, funcionários em geral, de todos os segmentos, empresas e mesmo organizações, que reclamam não ter sucesso. Reclamam de tudo – do mercado, dos clientes, da própria vida. Será que essas pessoas realmente não sabem a razão de não terem sucesso? Ou estão elas buscando culpados fora de si mesmas? Será que essas pessoas que reclamam tanto têm feito tudo (e mais um pouco do que somente o "tudo") para vencer? Será que essas pessoas que reclamam tanto têm realmente investido em si próprias antes de exigir que os outros invistam nelas?

Vejo empresários, executivos e funcionários em geral que sabem que o mundo mudou, que o mercado mudou, que o cliente mudou, que o Brasil mudou. Fazem belos discursos sobre a mudança. Mas será que eles estão mudando ou simplesmente sabem, mas não fazem? O problema não é, portanto só saber. O problema está mais no **fazer**, no **agir,** na coragem de, efetivamente mudar.

As empresas sabem que devem ser diferentes e que a diferenciação está a cada dia mais na prestação de serviços, no atendimento, na qualidade, na atenção aos detalhes, no comprometimento dos colaboradores.

Saber, sabem. A pergunta é: Então, por que não fazem?

Lembre-se que saber não basta.

É preciso agir. É preciso fazer.

Juro que eu não sabia...

O produto tem um defeito que todo mundo conhece e que está destruindo a marca no mercado – o presidente da empresa diz: "Juro que eu não sabia". O controlador de voo diz que existe um "buraco negro" nos céus brasileiros – o ministro diz: "Juro que eu não sabia". O motor fundiu por falta de óleo e o motorista diz: "Juro que eu não sabia". Os clientes da empresa são pessimamente atendidos pela assistência técnica. Quando o problema é denunciado nos jornais, o gerente diz: "Juro que eu não sabia".

A moda agora é dizer "juro que eu não sabia". De repente, ninguém sabe de nada e tudo fica por isso mesmo. Não há consequência. A desculpa de não saber parece eximir as pessoas de qualquer responsabilidade, e a vida continua como se todos soubessem de tudo. O que mais me impressiona é que as pessoas não sentem o menor constrangimento em dizer que não sabiam coisas que teriam obrigação de saber.

E o pior é que essas mesmas pessoas se fazem de vítimas! Elas acham que deveríamos ter pena delas pelo fato de seus subordinados não as terem avisado dos problemas, do caos iminente. Fazem-se de coitadas! E tudo continua como antes.

Não permita que essa doença atinja sua empresa. Chame as pessoas à responsabilidade e faça com que desculpas esfarrapadas do tipo "juro que eu não sabia" tenham consequências sérias para as pessoas que deveriam acompanhar a execução. Não aceite desculpas de diretores que não dirigem, gerentes que não gerenciam, supervisores que não supervisionam, líderes que não lideram, vendedores que não vendem, vigias que não vigiam, secretárias que não secretariam, enfim, funcionários que não funcionam.

E não permita que essa doença atinja você. Não dê desculpas para coisas indesculpáveis relativas à sua função, cargo ou responsabilidade. Assuma! Assuma de fato! Assuma até as últimas consequências! Não caia no ridículo de dizer: "juro que eu não sabia...".

Ou fazemos um pacto de seriedade onde as pessoas serão responsabilizadas por aquilo que devem ser responsáveis ou vamos continuar neste processo de melhoria contínua do autoengano, onde todos perdem, acreditando ganhar.

Na frente é uma pessoa. Atrás, outra

André fala mal de sua empresa e de seu chefe. Não poupa críticas aos acionistas, diretores e departamentos. Critica as condições de trabalho e a forma como os empregados são tratados. Certo dia, visitando a empresa em que trabalha, tive a oportunidade de me reunir com ele e seu chefe. E o André que vi, em frente a seu chefe, era outro. Só elogiou e falou maravilhas de seu chefe e da empresa, dos acionistas e das condições de trabalho.

Lúcia fala mal da qualidade dos produtos que sua empresa fabrica. Critica a tudo e a todos. Diz que ninguém se importa com os clientes e que há uma grande incoerência entre o discurso e a prática. Certo dia, visitando a empresa em que trabalha, tive a oportunidade de me reunir com ela e sua chefe. E a Lúcia que vi, em frente à sua chefe, era outra. Só elogiou a qualidade dos produtos e o respeito dado a todos os clientes, sem distinção.

Por que André e Lúcia agem assim? Por que muitas pessoas falam pelas costas uma coisa e na frente, outra? Por que quando chega a hora certa de participar, de falar, de reclamar e dar claramente sua opinião essas pessoas mudam completamente? De críticas passam a bajuladoras. Quando pergunto a essas pessoas a razão de serem tão falsas, elas respondem que não são loucas de falar a verdade, pois poderão perder o emprego.

Se você não tem coragem de assumir as críticas que faz e de dizer o que pensa na frente das próprias pessoas, não critique, não fale. Nada denigre mais a imagem de alguém do que a falsidade. E alguém que na frente é uma pessoa e por trás outra, não merece o respeito, não tem credibilidade no que diz. Sei que muitas vezes você dirá que não pode correr riscos de perder a sua posição ou seu emprego. Se você pensa assim, mantenha-se calado. Ou decida-se a correr o risco dos que optaram em ser francos, leais e honestos.

A polidez e o ambiente de trabalho

Passamos a maior parte da vida no trabalho. Um dos grandes desafios do mundo moderno é transformar as oito ou 10 horas diárias de trabalho em horas mais agradáveis e horas de melhoria da qualidade de vida. Muitas empresas estão fazendo programas sérios de transformar o trabalho em *fun*, que em inglês quer dizer alegria, prazer.

Às vezes, programas muito complexos podem ser difíceis de ser implantados em uma empresa pequena ou média. Mesmo em grandes empresas, essas inciativas, às vezes, esbarram em uma burocracia interna impeditiva do seu sucesso.

Um programa factível e de fácil implementação é levar as pessoas da empresa a compreenderem o valor e a importância da polidez, ou o que chamamos de **educação** ou **bons modos** na empresa. Se as pessoas que compõem uma empresa, um departamento ou uma seção passarem a tratar melhor seus companheiros, com polidez e educação, o ambiente de trabalho já melhorará sensivelmente.

Tenho visto empresas onde as pessoas se tratam com uma rudeza incrível. Falam alto demais, gritam, xingam-se uns aos outros, têm o hábito de ridicularizar erros honestos, não têm o hábito de dizer "por favor", "com licença" e "obrigado", ou mesmo de elogiar atitudes positivas que poderiam ver repetidas pelo reforço positivo.

É preciso que lembremos de que **civilização** significa regras de comportamento mais complexas que, às vezes, são interpretadas como verdadeiras frescuras por aqueles que não compreendem o ser humano. A mesma perna de um carneiro que o primitivo arranca do carneiro e come com as mãos, o diplomata come com vários talheres, vinhos especiais e todo o requinte civilizado. Assim, precisamos compreender que um ambiente mais polido e educado fará com que as pessoas respondam com melhor qualidade no trabalho e, principalmente, com maior qualidade no trato dos clientes e do mercado.

As oito horas que fazem a diferença

O dia tem 24 horas para todas as pessoas. Não tem ninguém que tenha um minuto a mais. E essas 24 horas, teoricamente, estão divididas em três blocos de oito horas. No primeiro bloco, descansamos, dormimos. No segundo bloco, trabalhamos. E no terceiro bloco de oito horas? O que fazemos?

Aí está a chave do sucesso. É justamente o que fizermos dessas oito horas restantes que determinará o nosso sucesso ou fracasso. É nesse período que percorreremos o "quilômetro extra". É nesse período que faremos a diferença.

Veja bem. Ser o melhor, o mais dedicado, o mais competente durante as oito horas de trabalho, não é mais do que nossa obrigação. Se não formos os melhores nesse período, o fracasso é certo, as promoções não virão, e o desemprego pode chegar. A verdade é que para se obter sucesso total na vida e mesmo no trabalho, não basta ser excelente nas oito horas de trabalho.

É o que fizermos das oito horas restantes do sono e do trabalho que fará a grande diferença. E, geralmente, utilizamos mal essas valiosas oito horas. Não planejamos o que fazer com elas. Simplesmente as perdemos – perdemos tempo – como se diz. E esse tempo jamais voltará. Um minuto mal gasto é um minuto que jamais será recuperado. Vencerá quem utilizar mais sabiamente esse tempo restante. Seja em atividades desportivas, de lazer ou utilizando-as para o aperfeiçoamento intelectual, fazendo cursos, participando de concertos, indo ao cinema, ao teatro, assistindo a programas educativos e culturais na televisão ou internet. Essas oito horas devem ser motivo de análise e planejamento para todos nós. Elas farão a diferença, acredite!

É preciso que cada um de nós entenda, sem ilusão, que hoje, o mercado só terá lugar para os realmente competentes, diferenciados; somente para os melhores. E para que sejamos melhores é preciso que façamos mais do simplesmente dormir bem oito horas e trabalhar bem oito horas por dia. É preciso que façamos a diferença exatamente utilizando melhor esse outro terço do nosso dia.

E o que fazemos com as nossas oito horas além do sono e do trabalho? No que estamos empregando esse valioso tempo? Estamos criando em nós a diferença necessária para vencermos neste mundo competitivo, onde só os melhores sobreviverão com dignidade? Fazemos algum planejamento para a ocupação inteligente desse tempo livre não comprometido? Investimos esse tempo para o nosso desenvolvimento pessoal e profissional?

Você também é responsável

João reclamava muito de sua empresa, de seu emprego. Ele não poupava críticas a tudo e a todos. Ele dizia que as pessoas não colaboravam, não participavam, que os diretores não comunicavam as novidades a seus subordinados. Maria falava mal de todo mundo com quem trabalhava. Reclamava dos banheiros sujos; dizia que as pessoas eram mal-educadas e mal cumprimentavam as outras quando chegavam.

Quando conversei com essas duas pessoas, João e Maria, percebi que elas não se sentiam responsáveis pela empresa. Elas esperavam que as coisas acontecessem para elas, mas nada ou pouco faziam para mudar essa realidade, simplesmente contribuíam para tudo o que elas próprias criticavam. João também não participava de nada. Não participava de grupos de qualidade; não participava das comemorações e pequenas festas que a empresa fazia. João era supervisor e seus subordinados reclamavam também que ele não comunicava nada a eles.

Maria chegava ao trabalho e mal cumprimentava seus colegas. Quando tomava café na pequena copa do seu departamento, não lavava suas xícaras, deixando-as sujas sobre a pia.

O que quero comentar é que muitas vezes reclamamos das condições de nossa empresa ou de nosso trabalho e nada ou pouco fazemos para modificar essa realidade. Pelo contrário. Nossa desculpa é a que se ninguém faz, por que eu farei? Se ninguém cumprimenta seus colegas, por que irei eu cumprimentar?

É preciso que nos lembremos que somos responsáveis, isto é, **respondemos** solidariamente pelo ambiente e pelo clima da empresa em que trabalhamos. Se não adotarmos comportamentos e atitudes diferentes das que reclamamos, contribuiremos para que as coisas permaneçam como são ou até piorem.

Se eu ficar esperando que os outros mudem seu comportamento para daí mudar, tenho que lembrar que as outras pessoas também podem estar esperando que eu mude primeiro e só então mudarão. Não será isto que está ocorrendo? Será que todos estamos insatisfeitos e por falta de coragem de começar, ninguém muda?

Sinta-se, pois, responsável pela mudança. Mude você primeiro e então verá que muitos mudarão com você.

Dê crédito a quem fez

Uma das mais raras virtudes das pessoas é dar crédito a quem realmente merece, a quem teve uma ideia ou fez alguma coisa.

Vejo amigos, fornecedores, diretores, chefes, subordinados que ao invés de darem crédito a quem realmente fez determinada coisa, ou teve uma certa ideia, tomam para si esse indevido crédito, ficando, na verdade, desacreditadas. Outro dia mesmo estávamos conversando com uma pessoa que dizia ter tido uma ideia que, em verdade, não foi ela que teve. Ela apenas participou da sua execução. Quem realmente teve a ideia foi outra pessoa. Na ânsia de querer ser considerada a melhor, a mais capaz, a mais inteligente, essa pessoa tomou para si um crédito que não lhe pertencia. Resultado: ficou em débito com todos nós, visto que, logo depois, soubemos quem realmente havia tido a tal brilhante ideia, à qual esta pessoa se apropriou... Que vergonha!

Saber dar crédito é uma virtude que só agrega àqueles que o fazem. A mentira tem perna curta e, mais cedo ou mais tarde, a verdade será descoberta e você será considerado um pobre diabo por querer roubar um crédito de quem realmente merece.

Conheço gerentes e supervisores que pegam uma ideia ou um feito realizado por um subordinado e dizem a seus chefes (diretores e gerentes) que a ideia e a ação foram deles próprios. Isso, é óbvio, além de ocasionar total desconfiança, gera um clima de desmotivação e desagregação de qualquer equipe de trabalho. Nenhuma nova ideia será contada a esse chefe que não sabe dar crédito. Essa insegurança é um erro de avaliação de quem não sabe reconhecer o valor do outro. A verdade é que quanto mais você der crédito aos seus subordinados, mais eles lhe trarão novas ideias e você, chefe, será considerado um excelente chefe por **motivar** seus funcionários a criar, a inovar, a propor soluções aos problemas da empresa.

Não tome para si um crédito que não lhe pertence. Dê crédito. As pessoas irão acreditar em você mais e mais, quanto mais você souber dar crédito a elas.

Muito competente em coisas sem importância

Certa vez, um presidente de empresa, falando sobre um funcionário, disse: "Ele é muito competente em coisas sem importância. É pena que nas coisas realmente importantes ele não seja tão competente".

Peter Drucker disse numa entrevista à revista *Forbes* que conhece muitos executivos que têm uma energia muito grande. O que lhes falta é dar energia nas coisas certas. "Conheço pessoas que têm um currículo cheio de vitórias em coisas triviais e de pouca importância no mundo empresarial", completa ele.

Outro diretor de empresa me disse ter um gerente que era excelente em promover festas e confraternizações, mas terrivelmente fraco no que a empresa realmente esperava dele. "Ele é o gerente mais popular que temos. Mas os nossos acionistas não fazem concurso de popularidade", disse ele.

Ainda, há pessoas que pensam que ser popular; ser muito querido; basta para o sucesso profissional. A sua popularidade lhes dá uma falsa sensação de segurança.

A verdade, no entanto, é que a empresa quer e necessita de pessoas competentes, que fazem o essencial e o importante para levar a organização ao sucesso. Muitas vezes, as pessoas mais populares são apenas populares, e nada mais.

Luiz Marins

Veja como está o seu nível de competência em tudo o que faz. Veja também se você dá força e energia nas coisas essenciais para o sucesso de seu setor e de sua empresa. É ético acreditar sem checar?

O vendedor chega e diz: "Ninguém quer comprar nosso produto". A recepcionista diz: "Todo mundo está reclamando". O contador diz: "Nunca mais sairemos deste buraco financeiro".

Você já reparou quantas pessoas dizem a você "Todo mundo está falando..." ou "Ninguém compra este produto", ou "Isso nunca será possível"? E quando você vai conferir o "todo mundo" são três pessoas; o "ninguém" é apenas uma; e o "nunca" dura apenas uma semana?

Não se deixe enganar por pessoas que generalizam as situações. Procure saber exatamente quantas pessoas estão reclamando e quantos não estão gostando. Você ficará surpreso!

Vejo empresas fazendo mudanças em produtos e serviços ou tomando providências drásticas com base nos "todo mundo"; "ninguém"; "nunca", sem aferir a real dimensão do problema. Um dono de restaurante me disse que tirou um prato do cardápio porque seus garçons disseram que "ninguém pedia aquele prato". Algum tempo depois, começou a ouvir reclamações de seus clientes pela ausência do prato. Foi conferir, em seu histórico, na cozinha, e ficou surpreso ao ver que aquele era um item bem vendido. Quando foi saber a razão dos garçons dizerem que "ninguém pedia", descobriu que os garçons não gostavam daquele prato por ser um pouco mais complicado para servir.

ética, virtudes e valores

Muitas empresas e pessoas não têm o hábito de trabalhar com o que se chama de *hard facts,* ou seja, fatos concretos, dados concretos, antes de tomar uma decisão. Muitas vezes confiamos em nosso *feeling* ou mesmo na opinião de pessoas com quem convivemos, sem conferir ou solicitar os reais dados, números, estatísticas. E decidimos errado.

Faça uma análise de quantas pessoas já chegaram a você com informações do tipo "todo mundo"; "ninguém"; "nunca". E pense quantas vezes você acreditou na informação, sem averiguar. Pense, também, em quantas decisões são tomadas sem que tenhamos em mãos os dados concretos sobre a realidade. Assim, quando lhe passarem informações genéricas, como estas, não se deixe enganar. Peça os dados.

É ético não ousar?

O mundo mudou, o Brasil mudou, o mercado mudou, o cliente mudou. Empresas e pessoas precisam ter, agora, a ousadia de mudar. E, para mudar, é preciso ter a ousadia de ousar.

O primeiro passo filosófico para ousar é ter a coragem de perguntar:

"Por que não?"

É ter a coragem de pensar, testar e fazer coisas que eram tidas como absurdas ou totalmente impossíveis de serem pensadas, testadas ou feitas há anos, meses ou mesmo dias.

Reunir-se e unir-se a antigos e tradicionais concorrentes; propor parcerias, tanto para os negócios atuais, como futuros é fundamental para o sucesso daqui para frente.

Assim, para otimizar custos, executar com firmeza e consistência uma política de caixa, reduzir estoques, desonerar ativos, aumentar vendas e participação de mercado com resultados é preciso ter a ousadia de ousar e a coragem de perguntar "Por que não?".

Se fizermos as coisas como sempre fizemos, obteremos os resultados que sempre obtivemos; e os resultados que sempre obtivemos não nos bastam mais. É preciso inovar. É preciso ousar.

O mundo vive uma crise. A origem dessa palavra vem

ética, virtudes e valores

do grego *cri*, e significa passagem, mudança. Na mudança, na passagem é preciso ter a coragem de agir, é preciso ousar.

Sugiro que pense se você, como empresário, executivo, funcionário ou mesmo como pessoa, tem sido suficientemente audacioso neste mundo, onde só quem tiver a ousadia de ousar vencerá. Pense no que e onde você poderia se arriscar mais. Que novas parcerias, produtos, conceitos, poderia propor, produzir, mudar? Com quais pessoas ou empresas poderia se unir para implementar projetos inovadores?

É ético ficar parado e não trabalhar para o crescimento do seu negócio?

Um empresário me disse que nunca viu uma crise como esta nos últimos quinze anos!

Eu, que conheço sua empresa, perguntei a ele:

- Qual o investimento que você fez em sua empresa nos últimos dois anos?
- De qual congresso, conferência, simpósio, feira ou exposição de seu ramo você participou nos últimos dois anos?
- Qual curso você fez, voltado ao seu ramo, nos últimos dois anos?
- Quais treinamentos você ofereceu ao seu pessoal nestes últimos dois anos?
- Você pensou no foco de sua empresa? Você se manteve em seu objetivo?
- O que sua empresa fez de realmente diferente nestes últimos dois anos?

A empresa deste meu amigo está decadente! Nestes dois anos ele comprou carros novos para ele e seus filhos. Viajou, pescou, se divertiu. Não investiu um real sequer em seu negócio. Em vez de cuidar de sua empresa, ele faz de tudo – vende terrenos, vende carros, participa de clubes, está nas

ética, virtudes e valores

colunas sociais dos jornais. Seus funcionários não participam de treinamentos há mais de cinco anos.

Ele nunca participou de um congresso, de uma feira, de um seminário sobre o seu ramo de atuação. Para economizar comprometeu a qualidade de seus produtos e de seus serviços. Não tem foco, e hoje sua empresa é vista como indefinida pelo mercado. Não atende mais nem a classe A e B, que atendia, e nem as classes C e D. Perdeu a identidade. Seu catálogo de produtos é o mesmo há anos. Nenhuma mudança. Até os móveis e a aparência estão decadentes, os clientes sentem o abandono, o descaso. Seus funcionários estão desmotivados porque o patrão só reclama, fala mal do governo, coleciona exemplos de empresários fracassados, pessoas endividadas iguais a ele. Economiza, economiza, economiza e... vai pescar, viajar com amigos.

O que dizer a este empresário e amigo? Que conselhos dar?

Qualquer conselho será visto como o de alguém totalmente fora da realidade, de um sonhador. Não adianta mostrar exemplos de empresários que fizeram e fazem as coisas certas, investem, têm foco, treinam e motivam seu pessoal e estão vencendo, apesar das dificuldades. Não há como convencer esse empresário que ele morreu para sua empresa. Perdeu a garra, o entusiasmo, desistiu de lutar, e agora quer encontrar um culpado fora de si próprio. Hoje ele é uma pessoa azeda, amarga, triste, irritada. Até seus amigos estão se afastando dele. O mundo é culpado!

Será que você não está na mesma situação desse empresário? O que você tem feito, efetivamente, para competir com competência no mundo de hoje?

É ético não pôr a mão na massa?

Quando você fica por fora, só olhando, observando, criticando, você perde um dos maiores prazeres da vida: participar concretamente, pôr a mão na massa e, consequentemente, fazer falta! Poucas coisas dão mais prazer ao ser humano do que sentir-se parte de algum projeto vitorioso, de uma boa ação, de uma atividade meritória. Poucas coisas dão mais prazer ao ser humano do que ouvir: você faz falta!

Conheço presidentes e diretores de grandes empresas que sentem muita saudade do tempo em que estavam diretamente envolvidos em uma ação, em que viviam uma ideia desde seu começo até o seu final, executando, junto com os colegas, todas as atividades, curtindo os progressos, comemorando as vitórias. Esses presidentes e diretores me dizem que que sentem prazer em trabalhar, claro. Mas não o mesmo de quando estavam lá, na linha de frente, fazendo, cuidando dos detalhes, colocando a mão na massa e sabendo que faziam falta se lá não estivessem.

No seu trabalho, na sua comunidade, coloque a mão na massa. Não fique só de longe, dando sugestões. Participe de verdade! Carregue as cadeiras; vá comprar as flores e as coloque num vaso; limpe o chão, se necessário; troque a lâmpada queimada; ajude a redigir o discurso de abertura.

ética, virtudes e valores

Você não precisa aparecer. Você pode ficar nos bastidores, não deixando a peteca cair. O que você precisa é participar. Você precisa fazer falta! Se você participar, colocar a mão na massa, você sentirá um prazer redobrado quando a festa começar e mais ainda quando ela terminar com o elogio de todos os participantes.

Só quem participa pra valer pode sentir esse enorme prazer de fazer falta. Só quem põe a mão na massa conhece o real valor de sua competência e, portanto, pode corrigir-se e aumentar sua autoestima. Quem fica de fora, vendo os defeitos, criticando os detalhes, não sabe o que é bom. Não sabe o prazer que sentem os que põem na massa, os que realmente fazem falta!

É ético não fazer uma boa gestão do tempo?

Nunca, como nos dias de hoje, o tempo foi tão fundamental para o sucesso pessoal e profissional. O uso eficaz do tempo faz os vencedores. É impressionante como pessoas e empresas ainda não se conscientizaram de que o tempo é um dos fatores mais importantes.

Assim, quando um cliente potencial pedir um orçamento, uma visita, o envio de um catálogo, o retorno de um telefonema, **faça isso imediatamente**! Não espere!

Quando seu chefe, ou mesmo um colega de trabalho, solicitar alguma coisa a você, faça isso imediatamente! Não deixe para depois!

Quando você tiver uma tarefa para fazer; um relatório, um email, uma proposta, faça isso imediatamente! Não fique protelando!

Tenha um genuíno **senso de urgência** com relação à sua profissão, com relação a seus clientes internos e externos. Só assim você será vencedor num mercado competitivo como o nosso.

Pessoas que protelam, deixam para depois, são avaliadas como descomprometidas, relaxadas, pouco envolvidas. E isso é fatal para sua imagem pessoal e profissional.

ética, virtudes e valores

Também aprenda a dar retorno imediato a tudo o que lhe pedirem para fazer. Quando fizer, avise que fez. Diga que fez. Comunique que a coisa foi feita. Isso dá segurança a quem solicitou e dá a você uma imagem de alguém que é veloz, comprometido, interessado. E, acredite, isso fará uma grande diferença na sua vida pessoal e profissional.

Não perca tempo! Use-o bem, e faça dele um aliado seu. Você vai sentir a diferença no tratamento das pessoas com você.

Faça uma avaliação de como você tem usado seu tempo. Você faz as coisas imediatamente ou sempre deixa para depois?

É ético se deixar contaminar?

Ficamos sabendo das notícias através da televisão, internet, alguns ainda leem o jornal, e o que vemos, ouvimos e lemos são um amontoado de mentiras, fraudes, corrupção, deslealdade, contravenções, crimes e tudo mais. Com tantas denúncias de corrupção, verdadeiras ou falsas, corremos o risco de sermos atacados por um grande desânimo. Por uma sensação de que não há mais ninguém honesto no mundo, ou mesmo que os valores com os quais fomos criados e educados estão totalmente fora de moda ou não servem mais para os dias atuais. Chegamos a pensar se vale a pena trabalhar tanto, ser honesto, ser leal, ser ético. Este é um momento de grande perigo para todos nós. Corremos o risco de passar para um grande relativismo, em que nada é certo e nada é errado. Em que tudo é relativo e tudo depende das circunstâncias. Em que começamos a achar normal e até justificar atitudes e comportamentos amorais, antiéticos, desonestos. Em que começamos a dizer que "o mundo é assim mesmo" ou ainda pior, a dizer que "o brasileiro é assim mesmo" e que a ética, a moral, a honestidade estão mortas.

Não se deixe contaminar! Não se transforme num relativista! Acredite que o que estamos vendo todos os dias

ética, virtudes e valores

na imprensa são desvios de comportamento e não o certo, o justificável.

Assim, veja nessas notícias e nos próprios fatos mais um motivo para pensar a agir exatamente na direção oposta. Seja ainda mais ético, mais leal, mais honesto. No seu emprego, na sua empresa, na sua profissão seja ainda mais firme e um ferrenho defensor dos valores mais elevados da conduta humana. Não se deixe contaminar!

É ético não preparar sucessores?

Um dos grandes perigos que correm as empresas é a falta de um sério programa de **sucessão**. E não estou falando apenas de programas de sucessão do dono ou do presidente. É claro que cuidar dessa sucessão é essencial. Quem dela descuida compromete o futuro de sua empresa de forma irremediável.

Quero chamar a atenção também para a sucessão em todos os níveis da empresa. Será que todos os cargos de chefia têm um programa definido de sucessão?

A pergunta é **quem vai assumir aquela função** se, alguma coisa acontecer com o titular?

E todos sabemos que tudo pode acontecer com seres humanos. Um diretor, um gerente, um supervisor podem pedir demissão a qualquer momento! Um fato inesperado de saúde pode ocorrer. Um acidente pode tirar um funcionário de sua função por muitos meses.

E se isso acontecer, **quem vai assumir?** Temos em nossa empresa sempre alguém treinado e preparado para realizar, ao menos, as funções-chave da companhia? Ou será um "Deus nos acuda" se alguma coisa acontecer àquele diretor de produção, àquele gerente de exportação ou àquele

ética, virtudes e valores

gerente de logística? E para o supervisor de manutenção, temos alguém que possa substituí-lo, em algumas horas, com a mesma segurança?

Se a sucessão do presidente ou do proprietário é essencial, nada é mais **importante** do que cuidar dos demais níveis.

Veja como está a sua empresa e faça, imediatamente, um sério programa de formação de sucessores!

É ético ser grosseiro e mal-educado?

Tenho encontrado muitas pessoas, funcionários, supervisores, chefes, gerentes, diretores e patrões, enfim, pessoas de todos os escalões da empresa que primam pela **grosseria e falta de educação.** Até quando essas pessoas vão continuar sendo mal-educadas, grossas? Até quando vão viver sem perceber o ridículo em que ocorrem com a sua estupidez e maus modos? O mundo de hoje já é demasiadamente complicado, as mudanças são enormes, a tensão grande pelo excesso de trabalho; e ainda temos que aguentar essas pessoas que não sabem como se comunicar civilizadamente, ter respeito pelos outros, trabalhar por um ambiente agradável. Até quando?

A vida em sociedade exige que todos tenhamos um comportamento civilizado e cortês. A vida moderna exige que tenhamos cuidado com a forma como construímos o nosso ambiente de trabalho. Não há desculpas para a grosseria ou falta de educação. Pessoas que não têm consciência do seu comportamento antissocial, deveriam ser mandadas a "reformatórios sociais" para que aprendessem a conviver com outros seres humanos.

Falar alto demais, gritar, empurrar pessoas (mesmo sem

ética, virtudes e valores

querer.), tomar emprestado e não devolver, receber convites e não responder, sujar os sanitários e não limpar, tomar café e deixar a xícara suja ou o copinho sobre a mesa, não jogar o lixo no lixo, não recolocar as coisas no lugar de onde as tirou, fumar e não limpar os cinzeiros ou fumar em locais proibidos e jogar a bituca no chão, não pedir licença e não dizer "muito obrigado" etc., etc. são comportamentos extremamente reprováveis e que ninguém mais suporta. E essas pessoas parecem não se tocar do mal que fazem para uma organização.

Gostaria que você se analisasse e, sinceramente respondesse, como andam as suas boas maneiras, a sua educação, a sua cortesia e a sua contribuição para construir um ambiente de trabalho sadio e propício ao desenvolvimento do ser humano. Pense nisso. Mude enquanto é tempo. Do contrário, você vai acabar ficando só, isolado, pois ninguém mais atura pessoas grossas e mal-educadas.

Ouse ser uma pessoa séria!

Todo mundo fala que para vencer no mundo competitivo de hoje, eu devo me diferenciar da maioria. Outro dia me perguntaram o que seria essa diferenciação? E eu respondi: "Para ser diferente, basta ser sério ou séria no mundo de hoje".

Na verdade, estamos sentindo falta de pessoas realmente sérias, honestas, que cumpram a palavra, que cumpram os prazos, que não mintam, que sejam leais, que sejam competentes no que fazem, que não enganem.

Portanto, dizia eu a essa pessoa, "acredito que ser **sério** é a grande ousadia dos dias de hoje".

É preciso ousar ser sério, apesar dos constantes exemplos de falsidade, desonestidade, deslealdade, incompetência e mentira que o mundo nos dá. É preciso acreditar, sem hesitação, de que sendo sérios venceremos sempre, no longo prazo, e seremos vistos como diferentes da massa, da maioria, que ainda pensa em ganhar levando vantagem sobre os outros.

Ser sério não significa ter mau humor, não sorrir, não demonstrar sentimentos de alegria e prazer, não brincar. Ser sério é não enganar. E ninguém deixa de admirar uma pessoa que não engana, honesta, leal, verdadeira, competente.

Assim, basta ser sério ou séria. Só assim você será totalmente diferente da maioria e terá o respeito dos outros.

Boas maneiras e educação fazem parte da ética e do sucesso das empresas

Pode parecer piegas falar em **boas maneiras** e em **educação** (no sentido de cortesia) na empresa. Nem sempre estamos atentos a esses fatores e quase sempre pagamos caro por isso.

A Toyota do Japão, sugeriu a seus concessionários que fizessem um grande esforço de treinamento de seus funcionários em boas maneiras e cortesia. "A reação contrária dos funcionários foi muito grande", comenta um dos diretores da maior concessionária Toyota do Japão. "Os funcionários chegaram mesmo a sentirem-se ofendidos quando lhes dissemos que teriam que passar por um treinamento de boas maneiras." Porém, a empresa decidiu dar continuidade ao projeto e hoje colhe os frutos de um dos maiores sucessos em vendas e atendimento, segundo seus próprios funcionários, que hoje reconhecem o valor da iniciativa.

Boas maneiras e educação são essenciais para o bom ambiente de trabalho. Não há quem goste ou mesmo consiga produzir com eficiência e eficácia num ambiente onde as pessoas se tratam mal, falam alto, dizem impropérios uns aos outros, trabalham de cara fechada; e onde os clientes são tratados de qualquer maneira e mesmo rudemente. Do ponto de vista interno da empresa, os resultados de um esforço para melhorar os modos são espetaculares. Ensinar as pessoas a dizer "Com licença", "Por favor" e "Obrigado" ajuda muito um ambiente de trabalho a tornar-se sadio. Da mesma forma, uma empresa onde as pessoas são educadas a dizer "Seja bem-vindo", "É um prazer recebê-lo em nossa empresa" etc. demonstra e consegue fazer uma grande diferença na cabeça de seus clientes.

Este é um tema complexo, porque as pessoas, em geral, acham-no irrelevante, sem a mínima importância mesmo. Porém, as maiores empresas do mundo de hoje estão preocupadas com isso e obtendo grandes resultados positivos quando com ele se ocupam. O livro *Clientes para Sempre* (Ed. Harbra, 1993), de Carl Sewell, tem o capítulo o 23 com o seguinte título: *"Sua mãe estava certa: boas maneiras são realmente importantes"* no qual o autor enfatiza, como no caso da Toyota, a importância das boas maneiras na empresa.

Sugiro que você observe como as pessoas se tratam na sua empresa. O clima interno será, sem dúvida, o clima externo, isto é, como sua empresa trata seus clientes. É muito raro ver um dirigente empresarial que trata seus funcionários com descortesia ter funcionários que tratem os clientes com cortesia. Um é fruto do outro. Inicie na sua empresa uma busca quieta, permanente, firme e continuada de boas maneiras e cortesia. Chame a atenção das pessoas, mas principalmente dê o exemplo tratando a todos, funcionários e clientes, com o maior respeito. Isso pode mudar o clima de sua empresa e todos passarem a se respeitar mutuamente e a tratar os clientes com mais cortesia, fazendo-os querer voltar à sua empresa.

Aqui tudo é muito feio e sujo...

Quando trabalhamos num mesmo local todos os dias, muitas vezes não nos apercebemos que nosso ambiente de trabalho está muito feio e, às vezes, até sujo. Até que alguém de fora nos chame a atenção, vamos deixando as coisas acontecerem. Aquele azulejo quebrado, aquele descascado na parede, aquela lata de lixo toda amassada no refeitório...

Daí para jogar papel no chão, deixar material inservível nos cantos, copinhos de café sujos na copa, é só um passo! E nosso ambiente de trabalho vai virando um verdadeiro lixão.

É preciso que cada um de nós se conscientize de forma definitiva que a qualidade de vida que tanto almejamos depende muito da qualidade de nosso ambiente de trabalho. E que essa qualidade depende de nós, isto é, de todos os que, todos os dias, vivem naquele ambiente.

Ouço gente falando mal do seu ambiente de trabalho e culpando as outras pessoas, seus colegas e o próprio chefe ou patrão. Sei que muitas vezes isso pode ser verdade. Mas, nada justifica que as pessoas que trabalham num local não tenham uma atitude positiva em relação a esse ambiente onde passam a maior parte da vida.

Alguma coisa sempre pode e deve ser feita para que o local de trabalho seja limpo, agradável, bonito, arejado. Alguma coisa sempre pode e deve ser feita para que nós e nossos colegas não deixemos o ambiente de trabalho se deteriorar.

Por pouco que cada um possa fazer, se todos fizerem será o bastante.

Assim, cuide de seu ambiente de trabalho. Deixe suas coisas em ordem. Limpe o que sujar. Isto pode parecer uma bobagem, mas, acredite que é sempre melhor trabalhar num ambiente agradável, bonito e limpo do que num ambiente sujo e feio. Um ambiente agradável aumenta a nossa autoestima e a nossa vontade de agir, fazer melhor, colaborar.

Não deixe que as pessoas falem de onde você trabalha – "Aqui é muito feio e sujo".

O que eu deveria saber e não sei?

Há certas coisas que ouvimos falar desde criança. Passamos toda a juventude ouvindo. Chegamos à idade adulta e ainda ouvimos. Será que temos a curiosidade e a paciência de **saber** o que essas coisas realmente são?

Lugares, palavras, frases e ditos célebres, expressões antigas etc. Tudo permanece em nossa memória de forma nebulosa. Nunca tomamos o tempo necessário para procurar saber o que essas coisas realmente querem dizer, de onde vêm, como surgiram, por que nossos parentes mais velhos falavam aquilo. Muitas vezes, morremos na total ignorância dessas coisas simples, porém, fundamentais, pois fazem ou fizeram parte de nossa vida.

As gerações mais novas não leem mais livros de história ou literatura como faziam os antigos. A internet tomou o espaço. O corre-corre da vida assumiu o tempo. E essas coisas ficaram sem resposta em nossa mente.

De onde surgiram os dragões? E as múmias? Saturno era um deus? De onde? Onde fica mesmo a Islândia? Como são os aborígines australianos? Qual a sua importância? Onde nasce o rio Amazonas? E o Mississipi? De que são formados os vulcões? Para que serve mesmo a raiz quadrada? O que foram as glaciações? Quando começou a era moderna? Por quê? Por que os castelos eram mal-assombrados? Essas perguntas e outras mais, fiz a meus alunos. Todos já haviam ouvido falar de tudo isso, mas poucos sabiam realmente o seu significado. Eles confessaram que essas e outras muitas pequenas dúvidas os atormentavam, mas nunca se deram ao trabalho de buscar a solução.

E você? Você é curioso o bastante para ir atrás das respostas às suas pequenas dúvidas, até mesmo de sua empresa? Você sabe tudo o que deveria saber sobre os produtos com os quais trabalha? Como são fabricados? Qual o mercado?

É ético dar ideia e se negar a participar da execução?

Por que somos tão criativos, inovadores e cheios de ideias, e somos tão ruins em execução? Por que a rotina e o detalhe de executar um plano, fazer a manutenção das coisas existentes, dar continuidade, nos deixa tão entediados? Sentimos um grande prazer em falar de planos e ideias e um enorme tédio em cuidar das coisas do hoje, do aqui e do agora. Estamos sempre olhando para o futuro, e parece que nos esquecemos de que o amanhã depende do que fizermos hoje. Com o descaso pelo hoje, pelo detalhe, pela cuidadosa execução e manutenção do que existe, nunca construiremos o amanhã e seremos sempre o País do futuro.

Parece que achamos que executar é uma coisa subalterna, para pessoas sem muita inteligência, puros obreiros. O bonito é criar, inovar, propor, discutir. Daí nada acontece. As coisas simplesmente não têm continuidade, não têm manutenção, não vingam. Faltam pessoas dispostas a cuidar do dia a dia, da rotina, do manter, do fazer todos os dias.

Nas empresas que visito vejo pessoas falando de planos e projetos e de ideias maravilhosas. Mas ninguém atende o cliente que está na linha, esperando. Ninguém conserta o banheiro quebrado. Ninguém quer visitar o fornecedor que está precisando de melhores especificações para poder entregar o pedido da próxima semana. Ninguém faz a manutenção correta da máquina que está em uso há anos e ameaça parar. Daí, quando as coisas dão errado e o problema se torna insustentável todos parecem tomar um susto. Comportam-se como se não soubessem que o problema ocorreria, mais cedo ou mais tarde.

Procure pensar na execução, no fazer, na importância da rotina, da manutenção, do cuidado como hoje, da atenção com o agora. Antes de pensar grande, faça grande, faça agora, faça certo.

Pense nisso:

- Você tem consciência de que é preciso cuidar do dia a dia, da manutenção, da continuidade, do fazer acontecer de fato, para que o amanhã possa ser um sucesso?

- Quando você começa uma coisa, você vai até o fim, cuidando dos detalhes, corrigindo os erros, acertando as arestas, ou desiste logo, começando outra coisa?

- As coisas simples, rotineiras, detalhadas, que exigem atenção e tomam tempo, têm valor para você?

- Quantas ideias sua empresa já teve e que fracassaram por falta de alguém que cuidasse da execução cuidadosa, continuada e firme?

- Quantas ideias morreram no papel?

- E você? Quantas coisas você já começou e não terminou?

É ético ser viciado em se esquecer?

A aeromoça estava desesperada. Esqueceram de colocar gelo no avião. Os passageiros gritavam que a cerveja, o refrigerante, estava tudo quente. O borracheiro se esqueceu de apertar os parafusos da roda depois de baixar o carro do macaco. O cozinheiro se esqueceu de colocar sal no arroz. O pessoal da expedição esqueceu de mandar as instruções de instalação junto com o produto. A secretária se esqueceu de reservar o hotel. O cirurgião esqueceu o bisturi na barriga do paciente. O financeiro se esqueceu de pagar a conta do telefone. O motorista se esqueceu de colocar gasolina no carro. O deputado esqueceu-se do horário.

Esta lista poderia conter dezenas de exemplos e você mesmo pode completá-la com a sua experiência.

As pessoas se esquecem de coisas absolutamente essenciais e em seguida, com a maior cara lavada pedem desculpas...

"Desculpe. Eu me esqueci..."

Embora possamos nos esquecer das coisas, algumas vezes, a verdade é que há pessoas que são literalmente **viciadas** em esquecer. Esquecem-se de tudo! E o que é pior, acham engraçado ou até bonito "ser esquecido". "Eu não tenho jeito mesmo, sou muito esquecida, vivo no mundo da lua"

Luiz Marins

disse-me uma funcionária que fui obrigado a demitir. Ela tinha orgulho de ser esquecida. Ela se achava 'intelectual" por ser esquecida. Nada mais ridículo! Quem pensa assim deveria ter vergonha na cara e passar a cumprir com seus deveres e compromissos.

Se você se acha ou se diz esquecido, trate, pois, de corrigir-se o mais rapidamente possível. Não espere! Comece a lembrar-se das coisas e verá que as pessoas passarão a respeitar você muito mais do que hoje.

Pense nisso:

- Tenho o péssimo hábito de esquecer minhas tarefas e depois pedir desculpa?

- Penso que me desculpando estará tudo resolvido?

- Tenho consciência de que meu hábito de esquecer é visto como uma atitude relapsa e de pouco profissionalismo?

- Tenho a falsa ideia de que pessoas importantes são esquecidas?

É ético se deixar contaminar pelos não éticos?

Cuidado! Não faltarão pessoas se fingindo de amigas, que buscarão tirar você do caminho da ética, da retidão, da honestidade. Afaste-se delas! Não faltarão pessoas chamando você de ingênuo, e mesmo de bobo, porque teve uma atitude digna, ética, moralmente defensável e se negou a cometer um ato de honestidade duvidosa. Afaste-se delas! Não faltarão pessoas dizendo a você: "todo mundo faz"; "aqui sempre foi assim"; "não seja tolo", buscando fazer você duvidar de que vale a pena ser ético, honesto, limpo, moralmente defensável. Livre-se delas!

Não se iluda: você encontrará, todos os dias, pessoas falsas, fingindo-se puras e propondo a você negócios escusos, vantagens ilícitas, ganhos indevidos. Cuide-se delas!

Sem dúvida, um dos maiores desafios do mundo em que vivemos é o de não nos deixar contaminar pelos não éticos, pelos espertos invertebrados que querem nos desviar do caminho do sucesso duradouro, da paz de espírito, da credibilidade. É preciso uma força superior para não se deixar contaminar, para não se deixar abater, pois não é fácil ver pessoas pouco éticas desfrutando de grandes riquezas materiais, frutos da corrupção, da desonestidade, da esperteza, da traição aos valores morais.

Luiz Marins

Embora seja difícil, você precisa acreditar que vale a pena ser ético, honesto, limpo, crível, leal e firme na vivência e na defesa dos valores mais elevados. Deixe que o chamem de tolo. Não dê ouvidos aos que disserem que você é ingênuo. Não ceda às pressões para se desviar do caminho reto, pois só ele poderá nos conduzir ao verdadeiro sucesso, à verdadeira paz de espírito, ao orgulho de nos ver no espelho e de olhar para os olhos de nossos filhos e amigos. O resto a traça come, os governos confiscam, os ladrões roubam. Invista no que é duradouro, permanente, definitivo. Não se deixe contaminar.

É ético não ser franco e leal no ambiente de trabalho?

Num seminário que fizemos com diretores e gerentes de empresas, um dos mais sérios problemas discutidos foi em relação à dificuldade que os dirigentes têm de falar a verdade a seus subordinados e, a seus colegas de direção ou gerência e, ainda mais, a seus superiores. Todos afirmaram que não podem dizer o que realmente pensam, e que o resultado é a criação de um ambiente de falsidade e mentira que acaba por contaminar toda a empresa e seu desenvolvimento.

"Seria mais fácil se pudéssemos falar a verdade sobre o que pensamos sobre as pessoas sem que elas se ofendessem", disseram vários participantes. "Falta franqueza e lealdade, mas não vemos como mudar", disseram outros. Alguns ainda disseram que se sentem num teatro. Elogiar na presença e criticar pelas costas foi citado como sendo um comportamento mais que comum no ambiente empresarial, gerando desmotivação e estresse.

Como mudar?

As conclusões do grupo foram no sentindo de que temos que nos reeducar para separar a pessoa do erro que ela possa ter cometido. Também temos que aprender a aceitar críticas sobre nosso comportamento sem nos sentirmos afetivamente abalados e emocionalmente destruídos. O mal da falsidade e da deslealdade será sempre maior. Por outro lado, temos que aprender a fazer críticas e a emitir nossas opiniões de forma a demonstrar franqueza e lealdade, mas com polidez e educação.

A verdade é que devemos fugir do autoengano de que poderemos construir um clima positivo em nossas empresas sem enfrentar com coragem e decisão os males advindos da deslealdade e da ausência de franqueza nas relações interpessoais. Estamos em tempos que exigem mudanças corajosas. E uma das mudanças necessárias e desejadas é a criação de um ambiente de trabalho cada vez mais leal e franco.

E, se agora é tempo de mudar, vamos mudar sem perda de tempo.

O desafio de se manter ético

Um dos maiores desafios das pessoas que desejam pautar sua vida pela retidão, pela honestidade, pela lealdade é encontrar a motivação para se manter no caminho certo. Pessoas realmente honestas, cumpridoras de seus deveres, leais, parecem não ser deste mundo e podem se sentir fora dele. Muitas vezes são tachadas de ingênuas, bobas, sonhadoras e podem se sentir fracassadas.

As notícias dos jornais, a televisão, internet e todos os meios de comunicação, e até a publicidade, mais valorizam os bens materiais, a esperteza, a ganância, o sucesso a qualquer preço, do que a honestidade, a retidão de caráter, o conhecimento e o estudo. Como sustentar valores elevados?

Para se manter no rumo certo não é fácil e a pessoa que deseje assim continuar não pode esperar que o mundo ofereça o estímulo necessário. É preciso que ela busque a automotivação constante, alimentando-se com boas leituras, boas conversas, boas companhias, frequentando ambientes sadios e buscando a amizade de pessoas que possuam os mesmos valores elevados. Assim como o corpo precisa de alimento para se manter ativo e forte, da mesma maneira é nossa mente e nosso espírito. E o alimento do espírito e da mente são a boa leitura, a espiritualidade, a religiosidade, a filosofia, a orientação segura de pessoas de bem, que nos auxiliem a remar num mar nem sempre calmo e tranquilo.

O aparente sucesso e a falsa felicidade daqueles, cujos valores morais e éticos são duvidosos, muitas vezes, fazem com que as pessoas de bem questionem o valor de sua opção pela retidão, pela honestidade, pelos bons princípios. Mas, é preciso acreditar que o sucesso e a felicidade dessas pessoas são apenas aparentes. Elas sabem o inferno em que vivem, escondendo-se das pessoas de bem e eternamente amedrontadas pela ideia de serem, um dia, descobertas em suas desonestidades. São pessoas sem paz de espírito, com aparência de seguras e felizes. Podem ter muitos bens materiais, mas só elas sabem como essa riqueza foi conseguida e essa verdade não as deixa em paz.

Mas, para seguir no barco da retidão é preciso alimentar o espírito e a mente com constância e perseverança. É preciso acreditar em algo superior. É preciso ser forte. Assim, veja com quem anda, com quem conversa, o que lê, aonde vai. Para se manter no rumo certo, é preciso pegar o caminho do bem.

Mentir pode ser ético?

Em qualquer área da vida, vale o ditado de nossos avós que diz que "a mentira tem perna curta". Talvez uma das mais graves faltas que um ser humano possa cometer seja a mentira. Ela sempre será danosa, não só às pessoas vítimas da mentira, como àquela que mente, e à própria sociedade.

Há uma grande discussão sobre os níveis de dano que uma mentira pode causar e, a partir de suas consequências, afirmar se ela poderia ser permitida ou mesmo justificada. Fala-se até em "mentira santa" ou aquela que pouco dano oferece às pessoas ou à sociedade; e há os que defendem uma mentirinha quando ela pode evitar um mal maior. A realidade é que a mentira deve ser condenada em todos os níveis e graus, pois, por menor que ela seja, será sempre um grande desrespeito, mesmo a quem esteja simplesmente ouvindo.

A mentira é quase sempre ilustrada pela imagem de um nariz comprido, como o de Pinóquio (em italiano *Pinocchio*). Esse é um personagem de ficção, cuja primeira aparição se deu em 1883, no romance "As aventuras de Pinóquio" escrita por Carlo Collodi, e que sofreu várias adaptações, até para o cinema. A história é sobre o boneco de madeira, esculpido pelo bondoso velho Gepeto, que, ajudado por uma boa fada, consegue dar vida e transformá-lo num menino de verdade. Mas, o menino boneco passa então a viver aventuras, e tal como a fada havia lhe prometido, seu nariz cresce quando ele mente. Pinóquio se envolve em grandes enrascadas e sofre nas mãos de um maldoso. A moral por trás da história de Pinóquio é que não vale a pena mentir.

Assim, para que tenhamos uma sociedade mais justa e séria é preciso que todos nós, em todas as áreas e setores, em nossas vidas pessoal, profissional e empresarial, abominemos qualquer prática de mentira e passemos a valorizar e respeitar cada vez mais pessoas que não mentem, mesmo quando uma mentira possa beneficiá-las.

É preciso, no entanto, atentar para o fato de que não mentir e valorizar a verdade não significa ser uma pessoa rude, grosseira, ofensiva e mal-educada, ou tornar-se uma acusadora de mentirosos. É preciso lembrar que uma pessoa civilizada não deve julgar seus semelhantes, e todos nós temos defeitos e somos passíveis de falhar, e até mesmo de faltar com a verdade

Conclusão: nunca desista de seus valores

"Nunca ceda. Nunca se apequene. Nunca, nunca, nunca, nunca – em nada – grande ou pequeno – nunca ceda, a não ser por convicções de honra e bom senso. Jamais ceda à força. Nunca se curve ao poderio aparentemente esmagador de um inimigo."

Winston Churchill, 29/10/1941

Em 29 de outubro de 1941, no Reino Unido (Inglaterra), o primeiro-ministro Winston Churchill visitou a *Harrow School* para ouvir as canções tradicionais que ele tinha cantado lá na juventude, bem como para falar com os alunos. Isso se tornou um de seus discursos mais citados, devido às distorções que evoluíram sobre o que ele realmente disse. O mito é que Churchill estava diante dos alunos e disse: "Nunca, nunca, nunca, nunca, nunca, nunca, jamais cedam. Nunca se apequenem. Nunca cedam à força". Depois, sentou-se. Na realidade, ele fez um discurso completo, que incluía palavras semelhante ao que é frequentemente citado. Além disso, alguns acreditam que ele disse: "Nunca desistam". Isso também está incorreto. O que Churchill disse é o que está

Luiz Marins

citado acima. O mito de que ele teria dito "nunca desistam" é apropriado pelo conteúdo do discurso inteiro, onde ele fala que se a Inglaterra tivesse desistido de acreditar, teria deixado de lutar.

O que Churchill realmente quis dizer àqueles estudantes, bem no meio da Segunda Guerra Mundial (1939-1945), é muito discutido até hoje pelos mais renomados professores de literatura e mesmo na diplomacia. E a interpretação mais aceita é a de que ele quis alertar os jovens para que realmente não desistam frente às dificuldades; não se apequenem (pensem pequeno e ajam pequeno) frente aos poderosos, porque pensando pequeno você estará dando ainda mais poder a eles. O que Churchill disse e quis dizer é que nunca se deve transigir com a honra, a dignidade, a honestidade e o bom senso. Nunca fazer concessões em princípios e valores, mesmo diante dos poderosos. Churchill naquele discurso fez uma grande apologia à moral e à manutenção, a qualquer preço, de princípios e valores elevados. "Nunca ceda!"

Passados 80 anos, e o discurso de Churchill aos estudantes continua sendo uma lição para todos nós. O que fazer diante de um grande problema, aparentemente insolúvel? O que fazer numa dificuldade em nossa empresa, nossa vida pessoal e profissional, e mesmo em relação à nossa saúde? Como manter os valores éticos e morais diante de situações totalmente adversas?

O conselho de Churchill é muito claro:

"Nunca ceda. Nunca se apequene."

E o ceder que ele nos aconselha a nunca fazer é em relação à honra, aos valores e princípios. Ele não está advogando

ética, virtudes e valores

que sejamos inflexíveis, intolerantes, incapazes de dialogar. O que ele nos aconselha é que sejamos sempre ética e moralmente defensáveis e que não desistamos de nossos princípios frente às dificuldades e tentações.

Para continuar refletindo sobre o tema

É ético na empresa:

- Roubar ideias de colegas e subordinados?
- Ter informações relevantes ao trabalho dos outros e não as repassar?
- Usar produtos da concorrência de forma contumaz e frequente?
- Não informar as chefias de problemas que estejam ocorrendo no seu setor ou na empresa?
- Não estudar e buscar aperfeiçoamento em minha área de competência?
- Não participar de cursos, congressos, em que seja convidado ou tenha possibilidade?
- Não participar dos programas e projetos da empresa?
- Concorrer com os subordinados em vez de fazê-los crescer, ou mesmo impedir o seu desenvolvimento pessoal e profissional?
- Não pagar ou propor salários justos?
- Não obedecer à legislação trabalhista, de forma proposital?
- Sonegar impostos e taxas através de artifícios duvidosos?

ética, virtudes e valores

- Participar de processos duvidosos, sejam licitatórios ou não?
- Dar pequenas propinas a clientes e fornecedores em troca de benefícios?
- Fazer vista grossa a pequenas corrupções, quando elas beneficiam a empresa?
- Não propiciar o crescimento profissional e a empregabilidade de seus colaboradores, por conta do medo de que eles possam deixar a empresa?
- Ser empresário rico e deixar a empresa pobre?

Na família, é ético:

- Não fazer tudo para dar a melhor educação aos filhos?
- Não dar uma formação espiritual, moral e ética aos filhos?
- Não participar ativamente da educação dos filhos, nem se interessar pelo desenvolvimento deles, usando desculpas como falta de tempo ou recursos?
- Descuidar da saúde integral dos filhos – física, mental e espiritual?
- Não propiciar uma educação física e desportiva aos filhos?
- Não participar ativamente das tarefas domésticas?
- Falar mal do cônjuge em público, para os filhos ou amigos, mesmo que seja em tom de brincadeira?
- Discutir com o cônjuge na frente dos filhos e de terceiros?
- Viver uma vida individualizada sendo casados, colocando amigos, prazeres e preferências pessoas antes da família?

Luiz Marins

- Ao mesmo tempo não propiciar que o cônjuge tenha uma vida individual, com amigos e prazeres individuais?
- Não pagar salário justo e obedecer à legislação trabalhista em relação a trabalhadores domésticos, como diaristas?
- Não dormir 08 horas por noite, comprometendo a saúde física e mental e a produtividade intelectual?

Como pessoa e como cidadão, é ético:

- Votar nas eleições por interesses pessoais e não coletivos da Nação, Estado ou Município?
- Não ter coerência de vida entre o que diz e o que faz?
- Não participar da comunidade em assuntos que poderia ajudar?
- Não usar seus dons em benefício de outras pessoas, especialmente as menos abastadas econômica e culturalmente, e da sociedade?
- Furar fila?
- Pedir ou aceitar pequenos privilégios em detrimento de outras pessoas menos conhecidas ou mais simples?
- Subornar garçons e atendentes para ter um atendimento privilegiado?
- Parar em vagas especiais sem ter direito?
- Parar em vagas especiais sem o cartão obrigatório por lei?

ética, virtudes e valores

Nas atividades voluntárias ou como membro de um clube de serviço, associação, sindicato etc. é ético:

- Faltar às reuniões sem motivo justo?
- Não participar ativamente dos projetos e programas do clube ou associação, querendo apenas os benefícios de ser membro?
- Não contribuir financeiramente com as atividades?
- Não se envolver na formação e captação de novos voluntários?
- Não se esforçar para ser exemplo na sociedade, comprometendo o nome da entidade à qual pertence?
- Falar mal de membros da mesma associação em público?
- Se eximir de assumir funções mais relevantes?

Conheça outras obras de Luiz Marins

73+1 PERGUNTAS SOBRE

LIDERANÇA, GESTÃO, MARKETING, VENDAS, MOTIVAÇÃO E SUCESSO

ISBN: 978-85-8211-075-1
Número de páginas: 224
Formato: 14x21cm

O que um professor (como eu) mais faz é receber perguntas, seja em cursos e palestras, seja através de mensagens eletrônicas, cartas (sic!) e em redes sociais, até mesmo em função de minha atividade de consultor em antropologia corporativa e de meus programas de televisão.

Em 73+1, procurei reunir algumas das perguntas mais interessantes que tenho recebido e as respostas que tenho procurado dar. Elas abarcam os temas com os quais mais tenho me debruçado nos últimos anos e através delas, você, leitor poderá aquilatar o que tem preocupado as pessoas e onde estão as dificuldades que enfrentam nesse louco mundo em que vivemos.

Meu objetivo foi o de ser o mais simples e coloquial possível, pois trata-se de uma conversa escrita ou uma escrita conversada com aqueles que me fizeram as perguntas. Acredito mesmo que estamos vivendo na era da frugalidade, da simplicidade, da descomplicação, do direto ao ponto. Não há mais espaço para sofisticações desnecessárias. Agora é tempo de falar simples sobre as coisas sérias e não de rebuscamentos sobre futilidades, e é isso que sinto como busca maior em cada pergunta que me fazem.

Espero que você se encontre nessas perguntas, e que as respostas que procurei dar sejam mais um "pense nisso" que traga gostosos motivos para reflexão.

SÓ NÃO ERRA QUEM NÃO FAZ

E OUTROS TEMAS ILUSTRADOS PARA FAZER PENSAR

ISBN: 978-85-8211-079-9
Número de páginas: 168
Formato: 16x23cm

Diante de um mundo de profundas e continuadas mudanças, o que fazer? Como ser vitorioso? Como se motivar? Quais os fatores que impedem o sucesso? Como enfrentá-los? E os fatores que levam ao sucesso? Como potencializá-los? Como isolar o "vírus" do medo de vencer? Que ações delimitam o sucesso do fracasso? Quais as atitudes, os hábitos e os principais comportamentos das pessoas bem-sucedidas? O que dizem os "gurus" de marketing e vendas num mundo competitivo? O que é "mindfulness" e por que virou a grande coqueluche dos executivos? É preciso levantar, responder e saber pôr em prática estas relevantes questões... A propósito, caro leitor, você, algum dia, já se perguntou por que algumas pessoas – apesar de todo esforço – não conseguem ter sucesso? Qual a causa fundamental do fracasso? Quem é o principal culpado? A própria pessoa? Atitudes, comportamentos e uma verdadeira postura proativa são cruciais para ser bem-sucedido.

Agora, mais do que nunca, vivemos num mundo hipercompetitivo (pessoal e empresarial). Este livro o ajudará a entender importantes conceitos para enfrentar a realidade em que vivemos, e sair vitorioso.

Contato do Autor
professor@marins.com.br

Conheça as nossas mídias

www.twitter.com/integrare_edit
www.integrareeditora.com.br/blog
www.facebook.com/integrare
www.instagram.com/integrareeditora

www.integrareeditora.com.br